FACULTÉ DES LETTRES DE L'UNIVERSITÉ DE STRASBOURG

Catalogue des Actes

des

Comtes de Bar

de 1022 à 1239

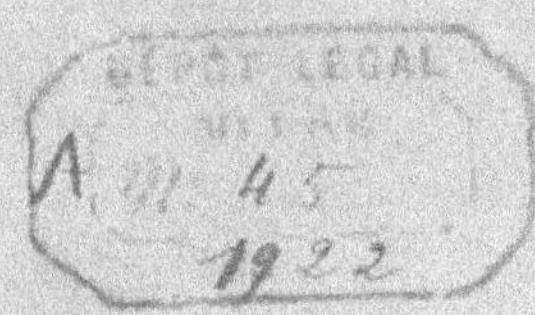

THÈSE COMPLÉMENTAIRE POUR LE DOCTORAT

Présentée et soutenue

PAR

MARCEL GROSDIDIER DE MATONS

AGRÉGÉ DE L'UNIVERSITÉ
TITULAIRE DE L'ÉCOLE PRATIQUE DES HAUTES-ÉTUDES
PROFESSEUR D'HISTOIRE AU LYCÉE D'AURILLAC

BAR-LE-DUC
IMPRIMERIE CONTANT-LAGUERRE
36, Rue Rousseau, 36

1922

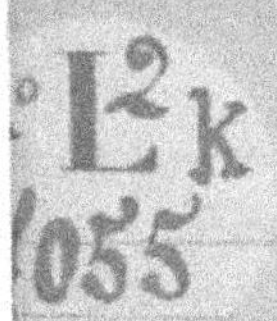

THÈSE

POUR LE DOCTORAT

La Faculté n'entend donner aucune approbation ni improbation aux opinions émises dans les thèses; ces opinions doivent être considérées comme propres à leurs auteurs.

FACULTÉ DES LETTRES DE L'UNIVERSITÉ DE STRASBOURG

Catalogue des Actes

des

Comtes de Bar

de 1022 à 1239

THÈSE COMPLÉMENTAIRE POUR LE DOCTORAT

Présentée et soutenue

PAR

MARCEL GROSDIDIER DE MATONS

AGRÉGÉ DE L'UNIVERSITÉ
TITULAIRE DE L'ÉCOLE PRATIQUE DES HAUTES-ÉTUDES
PROFESSEUR D'HISTOIRE AU LYCÉE D'AURILLAC

BAR-LE-DUC

IMPRIMERIE CONTANT-LAGUERRE

36, Rue Rousseau, 36

1922

À

Monsieur Charles AIMOND

Chanoine honoraire de la Cathédrale de Verdun
Docteur ès-lettres
Président de la Société des Lettres, Sciences et Arts de Bar-le-Duc

qui fut mon premier Professeur d'Histoire

Hommage de reconnaissance et de respect.

M. G. de M.

AVANT-PROPOS

Le présent catalogue d'actes a surtout pour but de fixer la chronologie et de servir de preuves à notre ouvrage sur les comtes de Bar. Toutefois nous n'avons pas cru devoir nous dispenser de rechercher ce que ces actes peuvent nous apprendre sur les habitudes diplomatiques suivies dans le Barrois. Nous avons donc fait précéder notre catalogue d'une introduction où nous étudions d'une part la diplomatique du Barrois des origines à la fin du règne d'Henri Ier, d'autre part la diplomatique des comtes de Bar à partir du règne de Thiébaut Ier.

Nous avons d'une façon générale suivi les règles formulées par M. E. Duvernoy dans son catalogue des actes des ducs de Lorraine, cependant, contrairement à notre savant confrère, nous avons écarté systématiquement toutes les chartes publiées par F. de Rosières et qui sont autant de faux, parce que la maladresse avec laquelle elles sont fabriquées les rend vraiment grotesques. Composées en dépit de toutes les règles diplomatiques, de toute chronologie et même de toute histoire — car, nombre de personnages sont inventés — elles ne risquent plus aujourd'hui d'être utilisées par personne, même par mégarde et elles surchargent inutilement les regestres lorrains.

Pour les actes de l'abbaye de Saint-Mihiel avant 1200, nous nous sommes contentés de renvoyer à l'édition de M. A. Lesort, sans énumérer les copies, mais nous avons toujours indiqué les originaux et les diverses éditions.

La Bibliographie que nous plaçons ici est tout à fait sommaire et ne mentionne que les ouvrages où nous avons rencontré des actes des comtes de Bar. On trouvera une bibliographie complète de l'Histoire du Barrois en tête de notre volume : « Le comté de Bar des origines à 1301 ».

Aurillac, le 16 avril 1920.

LISTE DES OUVRAGES CITÉS

H. d'Arbois de Jubainville, *Histoire des ducs et comtes de Champagne*. Paris, 1859-69, 8 vol. in-8°.

H. d'Arbois de Jubainville, *Catalogue d'actes des comtes de Brienne*. Bibl. École des Chartes, 1872, p. 141.

H. d'Arbois de Jubainville, *Études sur l'état intérieur des abbayes Cisterciennes*. Paris, 1858, in-8°.

A. de Barthélemy, *La Maison de Grandpré*. Paris, s. d., in-8° (*Revue de Champagne et de Brie*, VIII-XVIII).

E. de Barthélemy, *Diocèse ancien de Châlons*. Paris, 1861, 2 vol. in-8°.

A. Bernard et Bruel, *Chartes de l'abbaye de Cluny*. Paris, 1876-1904, 6 vol. in-4° (Doc. inéd.).

H. Beyer, *Urkundenbuch zur Geschichte der mittelrheinischen Territorien*. Coblence, 1860-74, 3 vol. in-8°.

W. Bernhardi, *Konrad III (Jahrbücher der deutschen Geschichte)*. Leipzig, 1883, in-8°.

P. J. Bertholet, *Histoire du duché de Luxembourg et comté de Chiny*. Luxembourg, 1742-43, 8 vol. in-4°.

Böhmer et Ficker, *Regesta Imperii*. Insbrück, 1881 et sq., in-4°.

Böhmer, *Acta Imperii selecta*. Insbrück, 1870, in-4°.

Bollandistes, *Acta sanctorum quotquot in orbe coluntur*. Venise, Anvers, 1643 et sq., 63 vol. in-fol.

Dom Bouquet, *Recueil des Historiens des Gaules et de la France*. Paris, 24 vol. in-fol.

E. Bonvalot, *Le Tiers État d'après la charte de Beaumont et ses filiales*. Paris, 1884, in-8°.

Bormans et Schoolmesters, *Cartulaire de l'église Saint-Lambert de Liège*. Bruxelles, 1893, in-4°.

Brequigny et Pardessus, *Table chronologique des diplômes impri-*

més concernant l'histoire de France. Paris, 1769 et sq., 8 vol. in-fol.

H. Bresslau, *Konrad II* (Iahr. der deutsch. Gesch.). Leipzig, 1879-84, 2 vol. in-8°.

H. Bresslau, *Handbuch der Urkundenlehre.* Leipzig, 1889, in-8°.

Dom A. Calmet, *Histoire eccl. et civile de Lorraine.* 1re éd., Nancy, 1728, 4 vol. f°; 2e éd., Nancy, 1745 et sq., 7 vol. in-fol.

L. Chantereau-Lefebvre, *Traité des Fiefs et de leur origine.* Paris, 1662, 2 vol. in-fol.

Abbé Clouet, *Histoire de Verdun et du pays Verdunois.* Verdun, 1867-70, 3 vol. in-8°.

H. Delaborde, *Jean de Joinville et les seigneurs de Joinville.* Paris, 1894, in-8°.

L. Delisle, *Catalogue des actes de Philippe Auguste.* Paris, 1856, in-8°.

Documents rares et inédits de l'Histoire des Vosges. Épinal, 1868 et sq., 10 vol. in-8°.

J. Dumont, *Corps diplomatique Universel du Droit des gens.* Amsterdam, 1726-39, 13 vol. in-fol.

A. Duchesne, *Histoire généalogique de la Maison de Dreux, de Bar-le-Duc,* etc. Paris, 1631, in-fol.

E. Duvernoy, *Le Duc de Lorraine, Mathieu Ier.* Paris, 1904, in-8°.

E. Duvernoy, *Catalogue des actes des Ducs de Lorraine* (1048-1139-1176-1220). Nancy, 1915, in-8°.

E. Duvernoy, *Catalogue des actes des archives de Meurthe-et-Moselle antérieurs à 1100.* Bibliographe moderne, 1907.

S. P. Ernst, *Histoire du Limbourg.* Liége, 1837-1852, 7 vol. in-8°.

Gallia Christiana in provincias ecclesiasticas distributa, t. V et XIII.

Georgish, *Regesta chronologico diplomatica.*

Abbé Grandidier, *Histoire eccl. civile et militaire de la province d'Alsace.* Strasbourg, 1787, in-4°.

Abbé Grandidier, *Œuvres Inédites.* Colmar, 1865-1868, 6 vol. in-8°.

P. H. Goffinet, *Cartulaire de l'abbaye d'Orval.* Arlon et Bruxelles, 1879-1900, 3 vol. in-4°.

P. H. Goffinet, *Les Comtes de Chiny.* Arlon, 1880, in-8°.

A. Görz, *Mittelrheinische Regesten.* Coblence, 1876-86, 4 vol. in-4°.

S. Guichenon, *Histoire de la Maison de Savoie.* Lyon, 1660, in-fol.

W. Günther, *Codex diplomaticus rheno-mosellanus.* Coblence, 1822-26, 6 vol. in-8°.

Plugk Harttung, *Acta pontificum romanorum inedita*. Tübingue, 1881-86, 3 vol. in-4°.

A. d'Herbomez, *Cartulaire de l'abbaye de Gorze* (Mettensia II). Paris, 1898, in-8°.

P. Ch.-L. Hugo (Baleicourt), *Traité historique et critique sur l'origine et la généalogie de la Maison de Lorraine*. Berlin (?), 1711, in-12.

Huillard Breholles, *Historia diplomatica Frederici II*. Paris, 1852-61, 2 vol. in-4°.

Ph. Jaffé, *Regesta pontificum romanorum*. Leipzig, 1885-88, 2 vol. in-8°.

P. Jeantin, *Les chroniques de l'Ardenne et des Woëpvres*. Paris, Nancy, 1851-52, in-8°.

A. Jacob, *Cartulaire de l'abbaye de Sainte-Hoïlde*. Bar-le-Duc, 1882, in-8°.

H. Labourasse, *L'abbaye et le domaine de Jeand'heurs*. Bar-le-Duc, 1899, in-8°.

H. Lepage, *Inventaire des titres enlevés à la Mothe*. Nancy, 1857, in-8°.

A. Lesort, *Cartulaire de l'abbaye de Saint-Mihiel* (Mettensia IV). Paris, 1908, in-8°.

A. Lesort, *Les Chartes du Clermontois au Musée Condé*. Paris, 1904, in-8°.

Dom J. de Lisle, *Histoire de l'insigne abbaye de Saint-Mihiel*. Nancy, 1757, in-8°.

A. Le Mire (Mireus). *Opera diplomatica et historica*. Bruxelles, 1723-1748, 4 vol. in-8°.

Löwenfeld, *Epistolae pontificum romanorum ineditae*. Leipzig, 1885, in-8°.

Dom J. Mabillon, *Annales ordinis sancti Benedicti*. Paris, 1703-39, 6 vol. in-fol.

Dom J. Mabillon, *De Re Diplomatica*, libri VI. Paris, 1681, in-fol.

P. Marichal, *Cartulaire de l'évêché de Metz* (Mettensia III). Paris, 1903, in-8°.

Dom E. Martène, *Veterum scriptorum amplissima collectio*. Paris, 1724-33.

Dom E. Martène, *Thesaurus novum anecdotorum*. Paris, 1717, 5 vol. in-fol.

P. Meurisse, *Histoire des évêques de l'église de Metz*. Metz, 1634, in-fol.

Abbé Migne, *Patrologia Latina*. Paris, 1844 et sq., 221 vol. in-4°.

Musée des Archives départementales, 1 vol., 1 album. Paris, 1878, in-fol.

Le Mercier de Morière, *Catalogue des actes de Mathieu II, duc de Lorraine*. Nancy, 1893, in-8°.

Comte de Nettancourt-Vaubécourt, *Les Sires de Narcy* Paris, 1899, in-4°.

Comte de Pange, Ferry de Bitche dans *Mém. Soc. Arch. Lorr.* Nancy, 1892, p. 51 à 81.

R. Parisot, *Les origines de la Haute-Lorraine et sa première Maison ducale*. Paris, 1908, in-8°.

E. Pérard, *Recueil de plusieurs pièces curieuses servant à l'histoire de Bourgogne*. Paris, 1664, in-fol.

P. Benoit-Picart, *Histoire eccl. et pol. du diocèse de Toul*. Toul, 1707, in-4°.

P. Benoit-Picart, *L'origine de la très illustre maison de Lorraine*. Toul, 1704, in-12.

P. Benoit-Picart, *Pouillé ecclés. et civil du diocèse de Toul*. Toul, 1711, 2 vol. in-12.

Dom U. Plancher, *Histoire du duché de Bourgogne*. Dijon, 1773-85, 7 vol. in-8°.

A. Roserot, *Répertoire historique de la Haute-Marne*. Paris, 1901, in-8°.

Th. Rymer, *Foedera inter reges Angliae et alios*. Londres, 1704-1716, 20 vol. in-fol.

F. de Rosières, *Stemmatum Lotharingiae ac Barri ducum tomi septem*. Paris, 1580, in-fol.

Chanoine N. Roussel, *Histoire eccl. et civile de Verdun*, 2° éd. Bar-le-Duc, 1863, 2 vol. in-4°.

Chanoine J. Ruyr, *Recherches des Sainctes antiquités de la Vosge*. Épinal, 1634, in-4°.

J.-D. Schoepflin, *Alsatia diplomatica*. Mannheim, 1772-75, 2 vol. in-fol.

J.-D. Schoepflin, *Alsatia illustrata*. Colmar, 1751-61, 2 vol. in-fol.

J.-C. Sommier, *Histoire de l'Église de Saint-Diez*. Saint-Dié, 1726, in-8°.

Dom N. Tabouillot, *Histoire de Metz par des religieux bénédictins*. Metz, 1769-90, 6 vol. in-4°.

E. Tandel, *Les communes luxembourgeoises*. Arlon, 1889, in-8°.

J. Tardif, *Monuments historiques, Cartons des Rois*. Paris, 1868, in-4°.

A. Teulet, *Layettes du Trésor des Chartes*. Paris, 1866 et sq., 2 vol. in-4°.

H.-F. Delaborde, *Layettes du Trésor des Chartes*, t. V, supplément, 1909, 1 vol. in-4°.

J. Trouillat, *Monuments de l'histoire de l'ancien évêché de Bâle*. Porrentruy, 1852-67, 5 vol. in-4°.

L. Vanderkindere, *Histoire de la formation territoriale des principautés belges au moyen-âge*. Bruxelles, 1903, in-8°.

L. Viellard, *Documents et mémoires pour servir à l'histoire du territoire de Belfort*. Besançon, 1884, in-8°.

N. de Wailly, *Éléments de Paléographie*. Paris, 1838, 2 vol. gr. in-4°.

N. de Wailly, *Notices sur les actes en langue vulgaire du* *XIIIe siècle à la B. N.* Paris, 1878, in-4°.

R. de Wassebourg, *Antiquités de la Gaulle Belgicque*. Paris, 1549, in-fol.

A. Wauters, *Table chronologique des diplômes imprimés concernant l'histoire de la Belgique*. Bruxelles, 1866-92, 8 vol. in-4°.

Würth Paquet, *Table chronologique des chartes et diplômes relatifs à l'histoire de l'ancien duché de Luxembourg et comté de Chiny*. Publication Institut grand ducal Luxembourg XIV à XXXVII.

INTRODUCTION

AU CATALOGUE DES ACTES DES COMTES DE BAR

CHAPITRE Ier

La diplomatique du Barrois au XIe et XIIe siècles.

I. — Notions d'ensemble.

Le nombre et la qualité des documents ne nous permettent guère d'étudier la diplomatique des comtes de Bar du XIe et du XIIe siècle. Les actes ne deviennent abondants qu'à partir de Thiébaut Ier et surtout de son successeur Henri II. Nous n'avons réuni sous leurs prédécesseurs que cent quarante mentions environ, encore la plupart ne sont que de simples souscriptions. Une quarantaine d'actes à peine émanent des comtes de Bar et sur ces quarante actes, nous n'avons qu'une dizaine d'originaux. Néanmoins nous tenons à présenter ici quelques observations intéressantes sur la pratique diplomatique des pays barrois avant le XIIIe siècle.

Tout d'abord les comtes de Bar ont-ils eu, avant Thiébaut Ier, une chancellerie propre? Nous ne le croyons pas; le nom d'un chancelier n'apparait nulle part. Ce n'est qu'au début du XIIIe siècle que sera établie la chancellerie d'où sortira l'admirable *Cartulaire de la Bibliothèque Nationale*. Les actes que nous possédons proviennent en général des abbayes ou des évêchés pour lesquels ils ont été donnés; de là leur variété et la difficulté où l'on est d'établir entre tant de formules diverses des points de comparaison. La principale de ces chancelleries ecclésiastiques est évidemment celle de Saint-Mihiel.

Aussi avons-nous abondance de notices — le quart au moins des actes — et seulement quelques lettres patentes. Certains actes sont en forme de cyrographe, c'est-à-dire que les deux parties contractantes emportent le double de l'acte découpé dans le même parchemin; les divers règlements de l'avoué de Condé (n°s 27, 42, 56) en particulier sont en même temps des notices et des cyrographes.

Les actes sont désignés sous des noms divers, nous trouvons plus particulièrement : *carta* ou *charta*, *pagina*; pour les notices : *descriptio*, *conscriptio*, *narratio*; enfin le mot cyrographum est employé chaque fois qu'il s'agit d'un document de ce genre. La seule langue en usage est évidemment le latin.

II. — Formules des actes.

1. *Invocation*. — Presque toujours, la charte débute par une invocation. La plus fréquente est au nom de la Trinité : « In nomine sancte et Individue Trinitatis » ou bien « In nomine summe et Individue Trinitatis », complétée une seule fois par l'énumération des Trois personnes [1]. Nous rencontrons une fois « In nomine sancte Trinitatis et Individue Unitatis » [2], une fois « In nomine Patris et Filii et spiritus sancti » [3], deux fois « In Dei nomine » [4] et deux fois « In Christi nomine » [5]. La formule est très rarement suivie du mot

(1) Cat. n° 138.
(2) Cat. n° 43.
(3) Cat. n° 67.
(4) Cat. n°s 39 et 119.
(5) Cat. n°s 27 et 42.

« Amen »[1], nous ne l'avons vu que deux fois sur des actes d'Henri Ier dont un seul original[2]. L'invocation manque rarement et encore ne manque-t-elle sur aucun des originaux que nous possédons, elle semble se faire plus rare à partir d'Henri Ier, si toutefois les copies que nous avons sont entières[3].

L'invocation est souvent complétée, surtout dans les notices, d'un appel à la Divinité invoquée soit pour qu'Elle protège le narrateur, soit pour qu'Elle garde les prescriptions mentionnées dans l'acte : « Confirmetur opus nostrae descriptionis[4] — « Incipiam ordinem narrationis ut, ipso Deo opitulante, pervenire mereamur ad affectum perfecte operationis »[5]. — Primordia nostrae rationis ordiri exortamus quo per ejusdem nostri Salvatoris amiculum ad finem perduce veritate pervenire voleamus »[6]. — « Sumat initium ordo nostre narrationis, ut ipso largiente gaudeat in futurum fructus perfecte operationis »[7]. — « Roboretur auctoritas nostre conscriptionis »[8]. — « Quod nostris actum est temporibus ne oblivio debeat sed ut ratum permaneat »[9].

2. *Suscription.* — Les comtes de Bar ajoutent rarement un nom de lieu à leur titre de comte. L'ancêtre fonctionnaire Thierry, se nomme bien en 1002[10] et en 1006[11] « Comes de

(1) M. E. Duvernoy, dans son *Cat. des Actes du duc Mathieu Ier*, rejette toutes les chartes où l'invocation est suivie du mot « Amen ». Quand il s'agit de copie, on ne saurait être trop circonspect. A titre d'exemple, nous avons rencontré un acte de Thiébaut de Lorraine de 1214 en faveur du comte de Bar, Henri II, dont deux copies (B. N. Lorr. 719, f° 152, xve siècle) et Lorr. 719, f° 206 (xviiie siècle) portent « In nomine Patris et Filii et Spiritus Sancti *Amen* », alors que l'original Lorr. 251, f° 109 porte « In nomine Patris et Filii et Spiritus Sancti *Quoniam* ». L'abréviation de « Quoniam » avait été lue « Amen » par les copistes.

(2) *Cat. des Actes*, 138 (orig.) et 119.

(3) Le cas est fréquent où les copistes ne relèvent pas l'invocation.

(4) Cat. n° 26.

(5) Cat. n° 35.

(6) Cat. n° 27.

(7) Cat. n° 39.

(8) Cat. n° 56.

(9) Cat. n° 91.

(10) Cat. n° 1.

(11) Cat. n° 2.

comitatu Barrense » (1), mais son arrière petit-fils Louis s'intitule simplement « Ludovicus comes » (2), son épouse « Sophya comitissa » (3). Sophie prend une fois le nom de « Comitissa Asmantiae » (4). La plupart de ses successeurs se contentent du titre de comte. Cependant Renaut Ier prend le nom de « Comes de Montione » (5) « de Monzione » (6), de Montzun » (7), Monstionis (8) et même « Muntiensis » (9) et quelquefois de « Comes Barrensis » (10) avec les deux variantes « Comes Barrensium » (11) et « Comes de Bar » (12). Renaut II est « Comes Montionis » (13) rarement « Comes Barrensis » ou « de Bar » (14), une fois « Comes Montionis et Barri » (15). Henri Ier est indifféremment « Comes Barrensis » et « Comes Montionis ». Sous son règne apparaît le titre de comte de Bar-le-Duc que porteront ses successeurs appliqué pour la première fois à sa mère Agnès « Comitissa BarriDucis » (16).

Le nom au nominatif ou à l'accusatif est toujours précédé, sauf une fois (17), de « ego » ou de « me » selon les cas. Le titre de « comes » suit ordinairement le nom du souverain, il est très rare qu'il le précède ; en dehors des notices, ce fait ne se produit que deux fois (18). Quand il y a

(1) Cat. n° 5 : « Ludovico comite, Barrum obtinente ».
(2) Cat. n°s 12 et 13.
(3) Cat. n°s 22, 25, 26, 27.
(4) Cat. n° 24. Il faut remarquer qu'il s'agit là d'un acte concernant des biens situés dans la châtellenie d'Amance.
(5) Cat. n° 50.
(6) Cat. n° 40.
(7) Cat. n° 53.
(8) Cat. n° 97.
(9) Cat. n° 67.
(10) Cat. n°s 56, 65, 70.
(11) Cat. n° 59. C'est la seule fois que nous rencontrons le génitif pluriel du nom de peuple.
(12) *Cart. de Saint-Mihiel*, édit. A. Lesort, n° 109. Cat. n° 98.
(13) Presque toutes les chartes.
(14) Cat. n° 88 et *Cart. de Saint-Mihiel*, n° 103.
(15) Cat. n° 83.
(16) Cat. n° 154.
(17) Cat. n° 99.
(18) Cat. n°s 83 et 91.

un nom de lieu joint au titre de comte, ce nom se met aussi bien avant qu'après.

Quatre fois seulement, le comte de Bar s'intitule comte par la grâce de Dieu, dont une fois en 1178 en présence de l'Empereur Barberousse, ce qui est un bel exemple d'indépendance : « Ego Raynaudus Dei gratia comes » [1]. — « Ego Henricus, Dei ordinatione Barrensis comes [2]. — Ego Henricus, Dei gratia comes de Barro [3] ». Nous rencontrons même dans deux actes, copiés l'un sur l'autre, l'humble formule : « Ego... Sequens licet peccator, tamen comes nominatus [4] ».

3. *Notification.* — La notification précède tantôt la suscription, tantôt elle la suit. Elle peut, quand il n'y a pas de préambule, se trouver en tête de la charte. Nous rencontrons donc aussi bien : « Notum sit omnibus tam futuris quam presentibus quod ego... » que « Ego... notum facio universis presentibus quam futuris ». Ce sont les formules les plus employées avec les variantes : « Noverint omnes tam presentes quam futuri quod » et « Notum fieri volo ». On rencontre aussi quelques formules plus solennelles : « Noverint itaque presens actas omnium quae secutura posteritas [5] ». — Ad extirpendas contentionum spinas tam futuros quam modernos scire volumus quod [6] ». — « Noverit omnium fidelium nostrorum tam presentium quam futurorum solertia quod ego [7] ». — « Ego... presenti scripto testor et notum facio Imperii Romani fidelibus [8]. — « Ut igitur notificetur omnibus tam futuris quam presentibus, memoriali pagine firme commendamus quod ego [9] ».

(1) Cat. n° 67.
(2) Cat. n° 133.
(3) Cat. n°s 119 et 141.
(4) Cat. n° 28 (donation de Bathelemont par Sophie) et n° 35 (donation d'Insming par Thierry) actes pour Saint-Mihiel.
(5) Cat. n° 91.
(6) Cat. n° 110.
(7) Cat. n° 116. Il s'agit de la prise de garde par le comte de Bar de l'abbaye de Beaulieu.
(8) Cat. n° 119.
(9) Cat. n° 138.

4. *Préambule.* — Le préambule n'existe pas toujours, on ne le rencontre que dans les notices et les actes solennels. Il est ordinairement placé après l'invocation et avant la suscription, nous pourrions même dire toujours, car les deux fois où nous l'avons trouvé en tête de l'acte, l'invocation manque.

Nous y trouvons exprimées tantôt l'idée des grands mérites et du bonheur qu'il y a à faire le bien aux églises (1), tantôt celle que c'est une mesure de bonne prudence de confier à l'écriture ce qui pourrait dans l'avenir être un sujet de controverse ou de querelle (2).

5. *Exposé dispositif.* — Nous n'avons aucune remarque particulière à faire sur cette partie des actes trop variée pour que nous puissions l'aborder sans nous exposer à faire l'analyse de tous les diplômes. Signalons seulement que dans l'abbaye de Saint-Mihiel, on devait avoir des formulaires auxquels on recourait parfois pour les chartes de donations et que pour justifier ces donations, on cite volontiers les versets des Écritures Saintes.

6. *Clauses comminatoires.* — Comme le préambule, les clauses comminatoires n'apparaissent que dans les chartes solennelles. A peu d'exceptions près, quand nous trouvons l'un nous sommes presque sûrs de rencontrer les autres. Nous trouvons ces clauses — qui vouent à l'exécration celui qui oserait attenter à la donation — tantôt à la fin de l'acte, tantôt après l'exposé dispositif qu'elles terminent, mais avant la date et les témoins (3).

III. — Signes de validation.

1. *Les sceaux.* — Les actes sont les uns validés par les sceaux et les témoins, les autres par les témoins seulement. Ceux-ci ne disparaîtront qu'au début du XIIIe siècle.

(1) Cat. n°s 28, 35, 133. Dans ce dernier « Beatus homo qui semper est pavidus qui autem mentis est durae, coruet in malum. Ea propter ego, etc.

(2) En particulier les règlements des droits de l'avoué de Condé.

(3) A titre d'exemple : « Christianis omnibus sicut perditionis filius, immo sicut diaboli filius habeatur », n° 28.

Les premiers comtes de Bar, Sophie et Thierry n'ont point eu de sceaux, ils se servaient de ceux des abbayes. Renaut Ier en possédait un (1); nous n'avons retrouvé malheureusement aucun sceau des comtes Renaut Ier et Renaut II, ils ont totalement disparu. Il en reste un du comte Henri Ier, de modèle très fruste de type équestre sur cire blanchâtre appendu sur un double lac de cuir blanc (2). Certains témoignages relatifs aux sceaux de l'abbaye de Saint-Mihiel — en particulier celui de Dom Colloz (3) — permettent de dire qu'on employait dans le Barrois aussi bien le sceau plaqué que le sceau pendant.

2. *Formules d'annonce du sceau.* — Les formules d'annonce du sceau n'existent pas toujours, elles sont en tous cas très variées. On les rencontre le plus souvent avant la liste des témoins à la fin de l'exposé dispositif, deux fois en tête de la charte après la suscription (4), une fois suivant immédiatement la souscription en tête des témoins : « Ego... qui sigillum meum apposui (5) ».

La formule est le plus souvent revêtue d'une certaine solennité : « Ut donum quod fecerem inconvulsum permaneret litterali memorie commendari mandavi quod donaveram et sigillo Sancti Michaëli signavi (6) ». — « Haec rata, fieri et volui et decrevi et ut in eternum secundum sacras leges rata sint ex antiqua auctoritate sigilli mei impressione firmavi (7) ». — « Causa veritatis confirmandae scripto et sigilli nostri ad posteros transmittimus (8) ». — « Sed ut rata et inconcussa omni evo permaneant sigilli mei munimine ad

(1) Le premier acte qui le mentionne est daté de 1145, n° 67.

(2) N° 116. Arch. Meurthe-et-Moselle, B. 481, n° 99, obligeamment communiqué par M. Edmond des Robert qui prépare un ouvrage sur les sceaux des archives de Meurthe-et-Moselle.

(3) Dom Colloz, sous-prieur de Saint-Airy de Verdun, mort victime de la Révolution a copié dans les chartriers lorrains une collection de diplômes pour le cabinet de l'historiographe Moreau.

(4) Cat. nos 83 et 91.

(5) Cat. n° 133.

(6) Cat. n° 28.

(7) Cat. n° 67.

(8) Cat. n° 83.

testimonium suscriptarum personarum diligenter confirmare curavi [1] ». — « Ut ratum et stabile maneat in perpetuum sigilli sui impressione signavit [2] ». — « Quod ut ratum et inconcussum a nobis et a posteris teneatur sigillorum impressione confirmari curavi [3] ».

3. *Liste des témoins.* — Tous les actes du XIe et du XIIe siècles comportent le témoignage.

La liste des témoins se place ordinairement avant la date, nous la trouvons plus rarement après la date, tout à fait à la fin de l'acte [4], une fois après la date topographique et avant la date d'année [5]. Les témoins ecclésiastiques viennent ordinairement en tête de la liste, il y a peu de dérogations à cette règle [6].

L'annonce de la liste des témoins n'existe pas toujours, elle est beaucoup plus simple que l'annonce du sceau : « Testes autem hi fuerunt tam nobiles quam etiam de familia ejusdem comitissae [7] ». — « Cujus rei testes coram positi extitere [8] ». — « Cooperatores etiam hujus rei extitere... et interfuere quoque quamplures ingenui milites quorum nomina pro testimonio subscripta continentur [9] ». — « Et testimonia subscriptorum corroborata testium interfuerunt [10]. — « Hujus donationis interfuerunt testes hi [11] ». — « Presentibus testibus hic subtitulatis [12] ». — « Et ut certiorem cartae narrationem faciamus testes qui presentes fuerunt subtitulando adhibeamus [13] » — et les

(1) Cat. n°s 108 et 135.

(2) Cat. n° 110.

(3) Cat. n° 138.

(4) Cat. n° 22, 24 (Chartes de Sophie), 42, 43, 56, 97, 99 (actes de Renaud).

(5) Cat. n° 113.

(6) Cependant dans la donation du prieuré d'Insming par Thierry, certains témoins laïcs précèdent et suivent les témoins ecclésiastiques.

(7) Cat. n° 22.

(8) Cat. n° 26.

(9) Cat. n° 27.

(10) Cat. n° 28.

(11) Cat. n° 35.

(12) Cat. n° 42.

(13) Cat. n° 43.

formules suivantes qui sont les plus employées : « ad » ou « sub testimonium subscriptarum personarum [1] ». — « Hujus rei testes sunt [2] ». — Hujus rei testes habentur [3] ».

4. *Souscription.* — La souscription est très rare, nous ne l'avons rencontrée que trois fois et en tête de la liste des témoins : « Ego Rainaldus comes » (deux fois) [4]. « Ego Henricus comes qui sigillum meum apposui » [5].

5. *Rédacteur de l'acte.* — Le nom du rédacteur de l'acte est rarement indiqué. Dans la notice pour le règlement des droits de l'avoué de Condé, nous trouvons à la suite de la liste des témoins et avant la date la mention suivante en 1091 : « Scripsit hoc cyrographum Albericus capellanus » [6], dans la liste des témoins parmi les moines et avant les clercs en 1116. « Alberto Condatensi qui et cartam dictavit » [7], enfin dans des actes d'Henri Ier à la suite de la liste des témoins les mentions « Gualterus scriptor » [8] et « Renaudus Penita notarius magni preceptoris scripsit ». Ce dernier diplôme a été rédigé pour les Templiers [9].

6. *Clauses subsidiaires.* — L'acte terminé, le rédacteur éprouve parfois le besoin d'ajouter une clause ou d'expliquer le pourquoi de l'acte. En 1085, Sophie après la ratification de la donation d'Amance à Saint-Mihiel ajoute à l'acte un codicille pour confirmer une aumône faite par ses ancêtres à l'évêque de Toul qui a permis la libéralité faite à Saint-Mihiel [10]. Le deuxième règlement des droits de l'avoué de Condé en 1116 et le troisième en 1135 [11] se terminent tous deux par l'explication de la nécessité du cyrographe.

(1) « Sub testimonio ».

(2) Cette formule est la plus employée.

(3) Variante : « Hinc si testes habentur ».

(4) Dans deux actes du *Cartulaire de l'abbaye de Jeandheurs,* Cat. nos 83 et 91.

(5) Cat. no 110.

(6) Cat. no 27.

(7) Cat. no 42.

(8) Cat. no 108.

(9) Cat. no 141.

(10) Cat. no 24.

(11) Cat. nos 42 et 56.

« Horum et aliorum quamplurium testimonio, dispositione et consilio haec juris advocatiae determinatio innovata et dupliciter rescripta est, ut, duabus cartis per cyrographum interfectis, altera a monachis, altera ab advocato conservetur, ut si forte aliquando eos dissentire contigerit, ad cartas velut ad normam justiciae recurratur et per eas qui deviare voluerit corrigatur » (1).

IV. — Date des Actes.

1. *Annonce de la Date.* — Tous les actes ne sont pas datés, tant s'en faut. Quand la date existe, elle est annoncée simplement par les mots « actum » ou « actum est hoc » ou « acta sunt haec », parfois « data » ou « data sunt haec » ou « factum est hoc », ou « facta sunt haec » (2), une seule fois « actum publice » (3).

2. *Place de la Date.* — La place de la date est très variée. Nous la trouvons tantôt avant, tantôt après l'annonce des signes de validation, tantôt avant, tantôt après la liste des témoins, on rencontre même une fois la date topographique séparée de la date d'année par la liste des témoins (4).

3. *Date topographique.* — Celle-ci manque le plus souvent. Trois chartes de Sophie sont datées : deux de Mousson (5), l'autre de Bar (6), une de Thierry est datée d'Altkirch (7), quatre de Renaut Ier de Commercy (8), de Bar (9),

(1) Cat. n° 56. Notre *Catalogue des actes*, n° 42 porte la variante suivante : « ut, si vel ipse vel monachi aliquid aliud agere vel dicere voluerint, ad cartas velut ad normam justiciae pariter recurrant, et per eas quicquid castigandum vel corrigendum sit castigent et corrigant ».

(2) Et aussi « hocque pactum firmatum est » et « Donatio autem haec prius facta est ».

(3) Cat. n° 35.

(4) Cat. n° 67.

(5) Cat. nos 22 et 28.

(6) Cat. n° 27.

(7) Cat. n° 35.

(8) Cat. n° 39.

(9) Cat. n° 42.

de Saint-Mihiel [1], de Mousson [2]. Le nom de lieu est ordinairement précédé du mot « apud » sauf dans trois cas où nous rencontrons « in » et l'ablatif, mais il s'agit de locaux déterminés ; le château de Bar [3], le cloître de Verdun [4] et la curie de Saint-Mihiel [5].

4. *Date d'année.* — La date d'année est ordinairement donnée par la formule « anno ab incarnatione Domini » ou « anno incarnationis Domini » ou « anno incarnationis Dominicae » ou « anno incarnati Verbi ». Cette date est souvent accompagnée, surtout dans les actes de Saint-Mihiel, de l'indiction, de l'épacte et du concurrent. Il est parfois fait mention du Pontificat du Pape, du règne de l'Empereur avec, mais le plus souvent, sans l'indication de l'année de ce pontificat ou de ce règne : « N. papante » ; — « N. regnante ». On rencontre même dans un titre de 1154 pour l'abbaye de Jeand'heurs, l'indication de l'année du règne d'un roi de France « regnante Francorum rege Ludovico et imperante Frederico » [6], quelquefois l'indication d'une circonstance particulière comme « l'année que l'évêque Pibon revint de Jérusalem » [7].

5. *Début de l'année.* — L'année commence dans le Barrois à Noël et ce, pendant une bonne partie du XIIe siècle. Au XIIIe siècle c'est le style de l'annonciation qui a prévalu [8], mais certainement M. E. Duvernoy s'avance trop lorsqu'il écrit : « Il est maintenant suffisamment démontré

(1) Cat. n° 56.

(2) Cat. n° 67.

(3) Acte de Renaut II pour Jeand'heurs (1159), *Cat. des actes*, n° 91 : « in castello de Bar ». Cependant nous trouvons « apud castrum Barrum » dans deux des règlements de l'avoué de Condé en 1091 et 1116.

(4) Cat. n° 112.

(5) Cat. n° 56. Règlement de l'avoué de Condé en 1135.

(6) Cat. n° 83.

(7) Cat. n° 24 : « hocque pactum firmatum est illo anno quo domnus presul Pibo Tullensis Jeresolimam perrexit, anno, » etc.

(8) En Lorraine et dans la plus grande partie du Barrois. Cependant sur la rive gauche de la Meuse à partir du XIVe siècle (Barrois mouvant) et dans l'évêché de Toul, on adoptera le style de Pâques. Cf. Giry, *Manuel de Diplomatique*, p. 118-119.

qu'au XIIIe siècle, on faisait partir l'année de la fête de l'Annonciation, non seulement dans la Lorraine, mais aussi dans toute la province ecclésiastique de Trèves[1]. Pour le XIIe siècle, les renseignements font défaut, mais il nous a paru vraisemblable que l'usage régnant dans le pays au XIIIe siècle devait déjà exister au XIIe siècle de préférence à tout autre »[2].

Une charte de Ricuin, évêque de Toul, datée du 20 février 1122[3], la notice du règlement des droits de l'avoué de Condé du 8 janvier 1135[4] portent l'indiction et l'épacte de leurs années respectives sans changement; le comte Thierry est mort le 2 janvier 1105, le 8 mars 1105 après sa mort sa femme Ermentrude fait une fondation pour le repos de son âme[5] et le 3 juillet 1105 Frédéric, fils du comte défunt donne l'église d'Altkirch à Cluny[6]. Il nous est impossible de savoir à quelle époque s'opéra le changement du style de Noël en celui de l'Annonciation.

6. *Indiction, épacte, concurrent.* — Ces indications sont souvent données surtout dans les actes de Saint-Mihiel, mais elles ne sont pas toujours exactes, même dans les originaux. Souvent l'une ou l'autre de ces indications manque, c'est le concurrent qui fait le plus souvent défaut, c'est l'indiction qui est de préférence indiquée. Celle-ci vient toujours après le millésime de l'année, le concurrent et l'épacte s'interchangent volontiers.

Trop peu d'actes datés de mois peuvent nous donner des renseignements sur l'indiction, cependant il semble que dans le Barrois l'indiction employée a été l'indiction impériale commençant le 24 septembre, alors que l'indiction romaine

(1) M. E. Duvernoy, cite Le Mercier de Morière, *Cat. des Actes de Mathieu II*, p. 99. — Comte de Pange, Actes de Ferry III dans *Journ. Soc. Arch. Lorr.*, 1894, p. 248. *Urkundenbuch der Mittelrheinisch. Ter.*, III, p. VII.

(2) E. Duvernoy, *Cat. des Actes de Mathieu Ier*, p. 139.

(3) *Cart. de Saint-Mihiel*, édit. A. Lesort, n° 67.

(4) *Cart. de Saint-Mihiel*, n° 79. Introduction, p. LXV.

(5) Cat. n°s 36 et 37.

(6) Cat. n° 38.

commence le 1er janvier[1]. Pour l'épacte, il semble qu'on ait employé le comput alexandrin dans lequel l'épacte est calculée au 1er septembre au lieu du 1er janvier[2]. En résumé — sans craindre de se heurter à trop d'exceptions — on peut dire que dans le Barrois on se sert du style de Noël, de l'indiction impériale, de l'épacte Alexandrine.

7. *Quantième.* — La date de mois et de jour est rarement indiquée, quand elle l'est, on emploie le calendrier romain jusqu'au règne de Thiébaut Ier où l'on commencera à se servir du calendrier liturgique, cependant un acte de Renaut II est daté de la Saint-Nicolas[3], un acte d'Henri Ier du quinzième jour de juin[4]. Ce sont là des exceptions.

(1) A. Lesort, *Cart. de Saint-Mihiel*, Introduction, p. LXV et p. 126, 157, 178 et 181.

(2) *Ibidem*, p. LXV et p. 140, 146, 178, 181, 274, 333, 357 et 406.

(3) Cat. n° 99.

(4) Cat. n° 112.

CHAPITRE II

La diplomatique des comtes de Bar au XIIIe siècle.

I. — NOTIONS D'ENSEMBLE.

Au XIIIe siècle, les comtes de Bar ont possédé une chancellerie propre. Il est cependant difficile de savoir à quel moment cette chancellerie a été définitivement organisée. Il y a, en effet, sous le règne de Thiébaut Ier encore bien des maladresses dans la confection des actes, une hésitation dans leur rédaction qui indiquent que les règles n'ont pas encore trouvé leur fixité, mais sous Henri II le doute n'est plus possible.

Il s'est produit au XIIIe siècle un événement qui a considérablement influencé sur la transformation de la chancellerie. Jusque-là, il semble que l'abbaye de Saint-Mihiel où les comtes se faisaient inhumer leur servait de dépôt de chartes. Sous Thiébaut II et peut-être même dès le règne de Henri II, les comtes qui désormais reposeront dans la collégiale Saint-Maxe, y transportent leur chancellerie. Le doyen de la collégiale sera presque constamment leur chancelier.

C'est de cette chancellerie qu'est sorti le beau *Cartulaire de la Bibliothèque Nationale* composé aux environs de 1280 (1). Ce cartulaire est divisé en chapitres qui correspondent à des liasses comprenant les archives des règnes de Henri II et de Thiébaut II (2); c'est également de cette chancellerie que

(1) B. N. fr. 11853, parchemin, in-fo, fortement rogné à la reliure au XVIIIe siècle, 317 fos.

(2) Liasses : Barrois mouvant (ajouté en 1310); Champagne, Roissy-

sont sortis les actes signalés par N. de Wailly comme écrits de la même main et qui comprennent non seulement des diplômes des comtes, mais de nombreux hommages qui leur ont été prêtés (1).

Le chancelier est assisté dans sa charge par les gardes du scel de la comté qui sont des bourgeois de la ville de Bar, ils valident les contrats passés en leur présence, font office de notaires et perçoivent en cette qualité des frais de chancellerie (2). Enfin de nombreux actes quoique rédigés par la chancellerie du comte reçoivent le vidimus de diverses officialités : Toul, Verdun, Sens ou celles des abbés de la Chalade, Lisle-en-Barrois, Jeandheurs (3). Les abbayes sont parfois dépositrices des actes solennels, des traités de paix et se déclarent tenues de les présenter à réquisition (4).

Ce qui distingue les actes du XIIIe siècle des précédents c'est leur extrême simplicité. Les invocations, préambules, clauses comminatoires disparaissent; la lettre patente — rarement la notice — devient la forme ordinaire. Les noms des actes se réduisent aussi, on les appelle « suscriptum », « pagina », mais le plus souvent « litterae », en français « escript » ou « lettres ». Le français fait son apparition en 1219 (5), mais c'est une exception, car ce n'est qu'à partir de

en-Brie et Torey; Champagne II, Rethel, Flandre, Grandpré, Luxembourg; Renaud de Bar (frère de Thiébaut II), Apremont, Joinville, Saint-Mihiel, Saint-Benoit-en-Woëvre, comté de Vaudémont, comté de Salm, comté de Chiny, Longuyon et Sancy, Beaumont-en-Argonne, Boureilles, Verdun, évêché de Toul I, Salm II, Mousson, La-Tour-en Ardenne, Sormery, Stenay, Briey, Gondrecourt, Deuilly, évêché de Toul II, abbaye de Luxeuil, Bauffremont, La Fauche, La Marche, La Mothe, Choiseul, Toucy, évêché de Metz, comté de Bourgogne, Lorraine.

(1) N. de Wailly, *Notice sur les actes en langue vulgaire du XIIIe siècle de la Coll. de Lorr.* à la B. N., *Not. des mss.*, t. 28, 1re partie, p. 217, note 5.

(2) Cf. A. Jacob, *Cartulaire de l'abbaye de Sainte-Hoïlde*. Bar-le-Duc, 1882, in-8°.

(3) Cf. N. de Wailly et Jacob, *passim*.

(4) Flabémont et Jeand'heurs en particulier.

(5) Cat. n° 294.

1230 que les actes français deviennent abondants. Cependant Henri II maintiendra presque constamment l'usage du latin. Son successeur (1239) emploiera par contre à peu près exclusivement le français.

II. — Formules des actes.

1. *Invocation et préambule.* — On les rencontre encore au début du règne de Thiébaut Ier, mais tout à fait exceptionnellement. « In nomine Patris et Filii et Spiritus Sancti. Amen. Quia contractus humanos, conditionis humanae fragilitatis, processu temporum consuerit in oblivionem sepeliri, unicum inventum est remedium, ut ea quae celebri digna sunt recordatione per litterarum tenacitatem in lucem memoriae teneantur[1] ». — « In nomine Sancte et Individue Trinitatis[2] ». Avec Henri II l'invocation et le préambule disparaissent totalement.

2. *Suscription.* — Thiébaut Ier s'intitule encore « comes Montionis[3] » à partir de son mariage avec Ermesinde il prend le titre de « comes Barrensis et Lucemburgensis ». « Comes Barri et Lucemburgis[4] ». Henri II s'intitule désormais « comes Barri », « comes Barrensis » et surtout « comes Barri Ducis. » Sous lui apparaissent les premières chartes françaises avec le titre de « cuens de Bar ». Ses successeurs n'en porteront pas d'autres.

Le nom du comte est toujours précédé de « Ego » en latin et de « Nous » en français. Ce dernier mot est d'autant plus typique que les ducs de Lorraine et la plupart des seigneurs lotharingiens emploient plus volontiers le mot « Je[5] ».

3. *Notification.* — Quoique la notification soit très simple, elle présente cependant d'assez nombreuses variantes. La plus fréquente est « Notum facio universis presentes litteras

(1) Cat. n° 225.

(2) Cat. n° 179.

(3) Cat. n° 161. A noter que dans le même acte la mère du comte, Agnès, s'appelle « comitissa Barrensis ».

(4) Le second de ces titres est le plus employé.

(5) Il s'agit ici de Thiébaut II et de Henri III, Henri II emploie plus volontiers le « Je ».

inspecturis quod » — viennent ensuite « Notum facio universis quod ». « Notum facio omnibus tam presentibus quam futuris quod ». « Notum facio universis presentibus et futuris quod ». « Notum facio et testificor omnibus presentes litteras inspecturis (1) ». Sous Thiébaut Ier on rencontre : « Omnibus ad quos presentes litterae (presens scriptum) pervenerint notum facio quod ». « Per presentis paginae tenorem presentibus et futuris notum facio quod (2) ». — En français on rencontre les deux formules suivantes : « faz savoir à toz qui ces lettres verront que » et surtout « faisons cognissant à toz ceaus qui ces lettres verront et orront que ».

III. — Signes de validation.

1. *Les sceaux.* — Les actes sont toujours validés par les sceaux. Au XIIIe siècle on emploie le sceau pendant, tantôt sur lacs de parchemin, mais le plus souvent sur des écheveaux de soie verte ou rouge ou entrelacés verte et rouge ; on emploie la cire vierge, la cire blanche et la cire verte. Le sceau de Thiébaut était rond d'environ 60 millimètres de diamètre, celui de Henri II, rond également, mais plus grand, de 70 et 85 millimètres, tous de type équestre, le cavalier galopant vers senestre l'épée haute couvert par l'écu triangulaire aux armes de Bar. Le contre scel est une intaille antique (tête casquée) (3).

2. *Formules d'annonce du sceau.* — Les formules d'annonce du sceau sont assez variées : « Ut etiam haec rata inconcussa remaneant, sigilli mei impressione... muniri curavi ». « Et ut firma et stabilis habeatur presentes litteras sigilli mei munimine roboravi (4) ». En français :

(1) Cette dernière une seule fois. Cat. n° 343.

(2) En 1213. Cat. n° 294.

(3) Cat. nos 144, 202, 252, 291, 375, 555. Plusieurs de ces renseignements nous ont été communiqués comme nous l'avons dit au chapitre précédent par le savant sigillographe lorrain, M. Edmond des Robert, notre confrère de la Société d'Archéologie Lorraine. Nous tenons à l'en remercier respectueusement ici.

(4) On trouve encore : « In cujus rei testimonium presentes litteras

« Et por ce que ceu soit ferme choze et estable et en tesmoignaige de veritei, je ai fait saeileir ces lettres de mon scel ».

3. *Listes des témoins.* — Les premiers actes du comte Thiébaut Ier comportent encore le témoignage (1). Il disparaît subitement aux environs de l'an 1200 (2).

IV. — Date des actes.

1. *Annonce de la date.* — Elle est annoncée en général par le mot « actum », plus rarement par le mot « datum ». En français, il n'y a pas à proprement parler d'annonce de date, elle suit l'annonce du sceau. « Ce fut fait et donneit » — « ces presentes lettres que furent faictes l'an, etc. ».

2. *Place de la date.* — La date est toujours placée à la fin de l'acte.

3. *Date topographique.* — Elle manque à peu près constamment; quand elle existe, c'est que l'acte a été rédigé en dehors du Barrois : Montfaucon, Melun, Vitry, etc.

4. *Date d'année.* — Elle est ordinairement donnée par la formule : « Anno Verbi Incarnati ». « Anno Dominicae Incarnationis ». — « Anno Domini ». — « Anno Christi ». — « Anno Gratie ». En français : « l'an de graice ».

5. *Quantième.* — Le quantième n'est pas toujours indiqué. Il le devient surtout à partir du règne de Thiébaut II. C'est toujours le calendrier liturgique qui est employé (3).

fieri volui sigilli mei *appensione* munitas ». — « Actum est sub testimonio sigilli mei anno, etc... (avril 1206). Quod ut notum permaneat et firmum teneatur litteris annotatum sigilli mei munimine roboravi (Cat. n° 351). « Sigillo meo muniri feci ». Il faut encore noter qu'un très grand nombre d'actes du règne de Henri II ne comportent pas du tout d'annonce de sceaux et que plusieurs ne sont pas scellés.

(1) L'annonce des témoins est en général fort simple, exprimée seulement par le mot « Testes ».

(2) Un acte de 1198, Cat. n° 164, ne comporte déjà plus de liste des témoins.

(3) Il est à noter que le quantième est souvent omis sous le règne de Henri II.

6. *Début de l'année.* — L'année dans le Barrois débute le 25 mars; nous en avons plusieurs preuves sous le règne de Thiébaut II, toutefois il faut tenir compte de ce fait que le Barrois étant un pays de marche, certains actes rédigés en Champagne peuvent suivre le style de Pâques. Il faut donc faire une extrême attention pour la rédaction du catalogue d'actes [1].

(1) Surtout pour les actes concernant l'Argonne, cependant à Reims on suivait le style de l'annonciation comme dans le Barrois, par contre, en Champagne, on suivait celui de Pâques. Cf. A. Lesort, *Les Chartes du Clermontois*, p. 93, n. 5, p. 162, n. 2. Giry, *Manuel de diplomatique*, p. 117-118.

LES ANCÊTRES DE LOUIS

1. — 1002.

Le comte Thierry, comte du comté de Bar souscrit une donation que Thiebert fait de certains biens à Ville-sur-Saulx à l'abbaye de Saint-Mihiel.

Edit. : A. Lesort, *Cartulaire de Saint-Mihiel*, n° 31. — **Sign.** : R. Parisot, *La Haute-Lorraine*, p. 234 et 526.

2. — 1006.

Le comte Thierry, comte du comté de Bar, époux de Sconehilde et parent du comte Richer, père de Baudouin, donne des biens à l'abbaye de Saint-Mihiel.

Edit. : A. Lesort, *Cartulaire de Saint-Mihiel*, n° 32.

3. — Après 1003.

Le comte Louis (peut-être est-ce Louis Ier de Bar, dit M. Parisot) aide la duchesse Béatrice de Haute-Lorraine à reconstruire l'église de Saint-Dié.

Sign. : Richer de Senones, *SS. XV*, 276 ; R. Parisot, *La Haute-Lorraine*, 267 et 363.

4. — 1019. — Toul.

Le comte Riquin, le comte Louis son père, son fils Louis et son frère Thierry signent une transaction entre Berthold, évêque de Toul et le chevalier Olry.

Edit. : *Gallia Christiana XIII*, pr. 462.

5. — 1022. — Château de Bar.

Le comte Louis de Bar est cité comme régnant dans l'acte de dénombrement de la collégiale de Saint-Maxe de Bar.

Edit. : Dom Calmet, 1re éd., I, pr., 599. — **Sign.** : R. Parisot, *La Haute-Lorraine*, p. 231-232.

6. — 1028.

Le comte Riquin est nommé comme possédant le comté de Scarpone dans le diplôme que l'empereur concède pour le monastère de Gillamont près de Dieulouart.

Edit. : P. Benoit Picart, *Hist. de Toul*, p. XXVII.

RÉGNE DE LOUIS ET DE SOPHIE (1033-1092)

7. — 1038.

Sophie fonde en faveur de l'abbaye de Saint-Mihiel le prieuré de Haréville.

Sign. : Wassebourg, *Antiquités de la Gaulle Belgicque*, f° ccxxvij.

8. — 1044.

Louis avec une petite troupe met en fuite le comte Renaud de Bourgogne, qui assiégeait avec une forte armée le château de Montbéliard.

Sign. : Hermann de Reichenau, an. (1044).

9. — 1052, 25 janvier. — Rome.

Louis comte de Mousson souscrit la bulle par laquelle le pape Saint Léon IX confirme les biens de l'église collégiale de Saint-Dié.

Edit. : J.-C. Sommier, *Histoire de l'église de Saint-Diez*, Saint-Dié, 1726, in-8°, p. 350 ; Dom Calmet, *Hist. Lorr.*, 2e édit., t. II, pr. coll. 295. — **Analys.** Jaffé, *Regesta pontif. roman.*, n° 4252 ; E. Duvernoy, *Cat. des actes des ducs de Lorr.*, n° 2.

Observ. : Sur l'authenticité de cet acte, Cf. R. Parisot, *Les Origines de la Haute-Lorraine*, p. 197.

10. — 1052. — Toul.

Le comte Louis assiste au sacre de Udon évêque de Toul et s'engage à lui prêter son concours pour détruire le château de Vaucouleurs.

Sign. : P. Benoit Picart, *Hist. de Toul*, p. 380.

11. — 1053.

Le comte Louis étant régnant, Harouin et sa femme Hériburge donnent à l'abbaye de Saint-Mihiel, ce qu'ils possèdent à Gironville.

Edit. : A. Lesort, *Cartulaire de Saint-Mihiel*, n° 35.

12. — 1054, 3 juin. — Toul.

Le comte Louis est témoin d'un acte par lequel Udon, évêque de Toul prend sous sa protection l'abbaye de Saint-Mansuy.

Edit. : *Gallia Christiana*, XIII, p. 470.

13. — 1057, juin. — Toul.

Le comte Louis et son fils Thierry sont témoins de l'acte de plaid rendu par l'évêque de Toul contre les habitants de Varangéville.

Copie : A. M. et M. G. 1384, f° 58. — **Édit.** : P. Benoit Picart, *Histoire de Toul*, p. 73, avec date fautive de juillet. — **Sign.** : E. Duvernoy, *Catalogue des documents des archives de Meurthe-et-Moselle antérieurs à 1101 dans le Bibliographe Moderne* xie année (1907), p. 27.

14. — 1057.

Paix entre le comte Louis et le duc Gérard qui s'étaient brouillés pour des intérêts de famille. Cette paix est conclue, sur l'intervention de l'évêque Udon de Toul.

Sign. : P. Benoit Picart, *Hist. de Toul*, p. 381.

15. — Vers 1057.

Le comte Louis et son épouse Sophie intercèdent auprès de l'évêque Udon en faveur d'Aubry, fils du comte Arnoul de Toul.

Sign. : P. Benoit Picart, *Hist. de Toul*, p. 383.

16. — Vers 1060. — Altkirch.

Le comte Louis et Sophie donnent à Altkirch près de Bâle hospitalité à Hugues, abbé de Cluny. Pendant le repas pris en plein air, un orage éclate qui effraye les gens de Louis, mais l'abbé Hugues d'un signe de croix apaise l'orage.

Sign. : *Acta Sanctorum*, avril 29.

17. — 1065, 20 juin. — Toul.

Le comte Louis et son fils Thierry souscrivent la charte par laquelle Udon, évêque de Toul confirme les biens de la collégiale Saint-Gengoult.

Copie : Arch. Meurthe-et-Moselle, G. 1384, f° 59. — **Edit.** : Dom Calmet, *Hist. de Lorr.*, I preuve, p. 454, 2e édit., II, 324. — **Sign.** : E. Duvernoy, *Cat. des actes des ducs de Lorraine*, n° 5.

18. — (1067 ou 1068). — Aître de Saint-Mihiel.

Vaufroy, avec le consentement de sa femme et de son fils Gautier fait à l'abbaye de Saint-Mihiel donation de ses biens à Nançois et à Savonnières-devant-Bar, par la main du comte Louis et de la comtesse Sophie.

Copie : A. M. H. J1, f° 127. J2 f° 81. — **Edit** : Dom de L'Isle, *Histoire de l'abbaye de Saint-Mihiel*, p. 449 ; A. Lesort, *Cart. de Saint-Mihiel*, n° 37.

19. — 1074.

Le comte Thierry fonde près de Haguenau au diocèse de Strasbourg l'abbaye de Sainte-Walpurge.

Sign. : Schoepflin, *Alsatia Illust.*, II, 449. *Gallia Christiana*, V, pr. 835.

20. — 1076. — Toul.

A la prière de la comtesse Sophie, l'évêque de Toul, Pibon affranchit le prieuré de Laître-sous-Amance, la chapelle du château d'Amance, les paroisses de Lay Saint-Christophe, Eulmont, Seichamps et Blanzey de la dépendance de l'église de Dommartin et confirme les dons faits au prieuré.

Édit. : Dom Calmet, I, *preuves*, p. 475, *2e éd.*, II, 348 ; Viellard, *Documents pour servir à l'histoire du territoire de Belfort*, p. 130 ; A. Lesort, *Cartulaire de Saint-Mihiel*, n° 39. — **Sign.** : E. Duvernoy, *Catalogue dans Bibliographe moderne*, 1907, n° 91.

21. — Vers 1080.

Le comte Thierry fait rebâtir l'église Saint-Pierre de Montbéliard et la dédie à Saint-Maimbœuf. Il remplace les dix moines qui la desservaient par un chapitre de chanoines.

Sign. : Bibl. de Besançon, note Duvernoy, III, f° 263, *Soc. d'Emul. de Montbéliard, 1868-69*, p. 492.

22. — 1080. — Mousson.

La comtesse Sophie réglemente les droits de Boson de Viocourt, avoué de l'abbaye de Saint-Mihiel à Houécourt et Jainvillotte. Ses fils Thierry et Louis sont témoins.

Édit. : L. Viellard, *op. cit.*, p. 133; R. Parisot, *Les origines de la Haute-Lorraine*, p. 532; A. Lesort, *Cart. de Saint-Mihiel*, n° 41.

23. — 1085.

Pibon évêque de Toul confirme à l'abbaye de Saint-Mihiel la possession de la chapelle de Laître-sous-Amance que la comtesse Sophie a rendue libre de toute réclamation de la part d'Hodierne, abbesse de Sainte-Glossinde de Metz en donnant à celles-ci des biens à Leyr et dans la forêt d'Ingviller.

Édit. : Baluze, *Miscellanea*, II, p. 448; Dom de l'Isle, *Histoire de l'abbaye de Saint-Mihiel*, p. 451; A. Lesort, *Cart. de Saint-Mihiel*, n° 43. — **Sign.** : Mabillon, *Annales Ordinis S. B.*, t. V, p. 203; E. Duvernoy, *Catalogue dans Bibliographe moderne*,1907, n° 90.

24. — 1085.

Sophie, comtesse d'Amance ratifie les conventions entre elle et Hodierne mentionnées dans la charte précédente.

Édit. : Baluze, *Miscellanea*. II, p. 448; Dom Calmet, I, pr., p. 482, 2e édit., III, 11; Dom de l'Isle, *Hist. de l'abbaye de Saint-Mihiel*, p. 451; L. Viellard, *op. cit.*, p. 136; A. Lesort, *Cart. de Saint-Mihiel*, n° 44. — **Sign.** : Mabillon, *Annales Ordinis S. B.*, t. V, p. 203; Georgisch, *Regesta chronologico diplomatica*, t. I, p. 440; Duvernoy, *Catalogue dans Bibliographie moderne* 1907, n° 89.

25. — 1088. — 1er septembre.

Sur la demande de la comtesse Sophie, Pibon évêque de Toul donne à l'abbaye de Saint-Mihiel la paroisse Notre-Dame de Bar-la-Ville et règle les droits du curé en fonctions.

Orig. : Arch. Meuse, H., fonds Saint-Mihiel, 6 p [1]. — **Édit.** : *Gallia Christiana*, XIII, p. 564; L. Viellard, *op. cit.*, p. 141; A. Lesort, *Cart. de Saint-Mihiel*, n° 46. — **Sign.** : Duvernoy, *Catalogue dans Bibliographe moderne*, 1907, n° 92.

26. — 1090, après le 24 septembre.

La comtesse Sophie, avec des domaines cédés par l'abbaye fait construire le château de Saint-Mihiel et réglemente les droits du châtelain.

Edit. : Dom Calmet, I pr., p. 486, 2e édit., III, 14 ; L. Viellard, *op. cit.*, p. 144 ; A. Lesort, *Cart. de Saint-Mihiel*, n° 49. — **Observ.** : La date est fournie par le chiffre de l'indiction qui dans l'Empire commençait le 24 septembre pour l'année suivante. Cf. A. Lesort, *op. cit.*, p. 178, n. 1 et p. 157, n. 1.

27. — 1091, 28 novembre. — Château de Bar.

La comtesse Sophie réglemente les droits de Liétard, voué des biens de l'abbaye de Saint-Mihiel dépendant de Condé à Condé, Gimécourt, Baudrémont, Villotte, Marson, Stainville et Ribeaucourt.

Orig. : Arch. Meuse H., fonds Saint-Mihiel, 2 a². — **Copie** : B. N., col. Moreau, 36, f° 177. — **Edit.** : *Musée des archives départementales*, p. 57 du texte et planche XIX de l'album ; A. Lesort, *Cart. de Saint-Mihiel*, n° 50.

28. — (Sans date). — Mousson.

La comtesse Sophie donne à l'abbaye de Saint-Mihiel pour le repos de l'âme de son mari le comte Louis, Bathelemont et son avouerie, pour son fils Frédéric Ansauville et pour elle-même et les siens les deux églises de Tyrei, dédiées l'une à Saint-Pian et l'autre à Saint-Martin, du consentement de son fils Thierry.

Edit. : Dom Calmet, I, pr., p. 470, 2e édit., II, 350 ; L. Viellard, *op. cit.*, p. 138 ; A. Lesort, *Cart. de Saint-Mihiel*, n° 45. — **Observ.** : L. Viellard propose de ramener la date de cette charte à 1087 parce que dans un jugement du 31 mars 1128 rendu par une commission de cardinaux (Cf. plus loin, n° 51) pour régler un différend surgi entre l'abbaye de Juvigny et celle de Saint-Mihiel, l'abbé de Saint-Mihiel affirme que son église possède les paroisses de Tyrei depuis quarante et un ans. Pour M. A. Lesort, il s'agit plutôt dans ces quarante et un ans d'un délai minimum de prescription et le savant éditeur du Cartulaire de Saint-Mihiel propose les dates extrêmes de 1076 (élection de l'abbé Sigefroy mentionné en l'acte) et 1087. A notre avis, il faut supposer que l'abbé de 1128 a quelque peu faussé sa déposition devant les cardinaux, car, d'une part, Frédéric, fils de Sophie, n'est mort que le 29 juin 1091 (*Chron. de Bernold*, *SS.* V, p. 451) ; d'autre part, la charte a tout l'air d'une sorte de testament de Sophie, malade à Mousson. Il semble donc qu'il faille rejeter la date jusqu'en 1192.

29. — (Sans date).

Mathilde, fille de Sophie, veuve de Hugue, comte du Nordgau donne des biens à Sainte-Croix de Wolfenheim et confirme les donations faites à Herlichesheim par la comtesse Hildegarde pour l'âme de son fils le comte Louis et à Dambach par sa mère pour l'âme de son père.

Edit. : Schœpflin, *Alsatia diplomatica*, I, p. 177. — **Sign.** : Grandidier, *Hist. d'Alsace*, pr., p 152; L. Viellard, *op. cit.*, p. 147.

RÈGNE DE THIERRY (1092-1105).

30. — 1092.

Sous le règne de Thierry comte de Bar, des hommes de la *familia* de Saint-Mihiel font à l'église de Saint-Martin d'Essey donation d'un champ et d'un pré sis à Flirey.

Edit. : A. Lesort, *Cart. de Saint-Mihiel*, n° 51.

31. — Vers 1095.

Le comte Thierry fait un traité avec Pibon évêque de Toul, pour terminer quelques difficultés qu'ils avaient au sujet de la paroisse de Bar. Il s'oblige envers l'évêque à lui donner annuellement quatre sous en sa terre. Hezel de Nançois, parent du comte, est témoin.

Acte perdu. — **Sign.** : P. Benoit Picart, *Hist. de Toul*, p. 99; L. Viellard, *op. cit.*, p. 165.

32. — Vers 1096.

Le comte de Bar, Thierry, est témoin d'un acte par lequel Quinon, avant de partir pour la croisade, restitue à Saint-Mihiel un bénéfice qu'il tenait de cette abbaye.

Edit. : L. Viellard, *op. cit.*, p. 159; A. Lesort, *Cart. de Saint-Mihiel*, n° 54.

33. — 1098, 20 octobre. — Verdun.

Richer, évêque de Verdun, restitue à l'abbaye de Saint-Mihiel le prieuré de Saint-Pierre-le-Chéri proche Verdun dont le comte Louis avoué du monastère s'était emparé et qu'il avait ruiné.

Orig. : Arch. Meuse, H. fonds Saint-Mihiel, 5 a[1]. — **Edit.** : A. Lesort, *Cart. de Saint-Mihiel*, n° 57. — **Sign.** : Mabillon, *op. cit.*, t. II, p. 316.

34. — Vers 1100.

Le comte Thierry fonde l'abbaye de Biblisheim et la confie

aux bénédictines. Sa fille Gunthilde en est la première abbesse.

Sign. : Schœpflin, *Als. Ill.*, II, 449.

35. — 1102. — Altkirch.

Le comte Thierry assisté de sa femme Ermentrude et de son fils Louis donne à l'abbaye de Saint-Mihiel le prieuré d'Insming (Amange) et la ville de Solzeling dans le *pagus Salinensis*.

Orig. : Arch. Meuse, H, fonds Saint-Mihiel, 5q ; — **Edit.** : Dom Calmet, I pr., p. 515, 2e édit. III, 48. — *Gallia christiana*, XIII, p. 567 ; L. Viellard, *op. cit.*, p. 167 ; A. Lesort, *Cart. de Saint-Mihiel*, n° 59 ; **Ind.** Mabillon, *op. cit.*, t. II, p. 202 ; Georgisch, *op. cit.*, t. I, p. 475, n° 18.

36. — 1105, 8 mars. — Montbéliard.

Ermentrude comtesse de Bar, fille de Guillaume II comte de Bourgogne, du consentement de ses fils Frédéric et Thierry, comtes de Montbéliard, fonde pour le repos de l'âme de son mari, Thierry comte de Bar, de ses prédécesseurs Louis et son épouse Sophie, des enfants de ces derniers, Brunon, Thierry, Louis, Frédéric, Mathilde, Sophie, Béatrice, des enfants de Thierry et d'Ermentrude, Louis, Guillaume et Hugue le prieuré de Froidefontaine dans la garde des comtes de Montbéliard.

Edit. : Schœpflin, *Alsatia diplomatica*, n° 235, p. 114 ; Grandidier, *Histoire d'Alsace*, p. 196.

37. — 1105, 8 mars. — Montbéliard.

Ermentrude confirme la donation précédente et donne à Froidefontaine, Grosne, Recouvrance, Nowauvillers, Boron, Villescot, Brebotte, Eschène, Petit-Croix et Logre dans son héritage.

Edit. : Schœpflin, *Alsatia diplomatica*, n° 287, p. 116.

38. — 1105, 3 juillet. — Montbéliard.

Frédéric, fils du comte Thierry, du consentement de sa mère Ermentrude donne aux moines de Cluny l'église d'Altkirch fondée par ses ancêtres en l'honneur de Saint-Christophe.

Edit. : Trouillat, *Monuments de l'histoire de l'ancien évêché de Bâle*, I, p. 225.

RÈGNE DE RENAUD Ier (1105-1150)

39. — 1106. — Commercy.

Le comte Renaud vend à Olry, abbé de Saint-Mihiel le château qui dominait l'abbaye et qui avait été construit par la comtesse Sophie.

Edit. : Dom Calmet, I, pr., p. 519, 2e édit., III, 53; A. Lesort, *Cart. de Saint-Mihiel*, n° 61.

40. — S. D. (vers 1107).

Le pape Pascal II invite les comtes Renaud de Mousson et Renard de Toul à rétablir dans sa charge l'archidiacre Guy qui avait été dépouillé par l'évêque Richard de Verdun.

Edit. : Laurent de Liége, S.S., X, p. 501; Wassebourg, *Antiquités de la Gaulle Belgique*, f° CCLXXIIJ.

41. — 1112.

Riquin évêque de Toul, confirmant les donations faites au prieuré d'Amance par Frédéric de Ferrette et le prêtre Conon rappelle les libéralités de Sophie et de ses ancêtres.

Edit. : A. Lesort, *Cart. de Saint-Mihiel*, n° 62.

42. — 1116. — Château de Bar.

Le comte Renaud réglemente les droits de Liétard, avoué des biens de l'abbaye de Saint-Mihiel à Condé.

Orig. : Arch. Meuse, H., fonds Saint-Mihiel, 2a *. — **Edit.** : A. Lesort, *Cart. de Saint-Mihiel*, n° 64.

43. — 1117.

Le comte Renaud renonce à donner aux abbés de Saint-Mihiel l'investiture par la crosse et par l'anneau comme l'avaient fait ses prédécesseurs Sophie et Thierry.

Edit. : Mabillon, *De re diplomatica*, n° 165, p. 590; Dom Calmet, II, pr., p. 262, 2e édit., V, 134; A. Lesort, *Cart. de Saint-Mihiel*, n° 65.

44. — (Acte faux). — 1118, 21 août.

Le comte Renaud fait savoir que le roi de France, Louis VI, lui a ménagé un accord avec Valeran Redon, second époux de sa tante Mathilde relativement à la succession de celle-ci. Valeran a repris Fontenay et Nanteuil-le-Haudouin, mais ne pourra rien réclamer de plus.

Edit. : N. de Wailly, *Éléments de Paléographie*, I, 159. — **Observ.** : Cet acte est en français; ce serait, s'il était authentique, le plus ancien document diplomatique connu en langue vulgaire. Tel quel c'est une copie du XVIIe siècle d'un vidimus donné en 1313 par Renaut de Bar, évêque de Metz. M. Meyer (*Observations grammaticales sur quelques chartes fausses en langue vulgaire. Bibli. Ecole des Chartes XXIII (1861-1862)*, p. 125-133 en a établi la fausseté en démontrant : 1° L'archaïsme maladroit du français de cet acte, multiplicité des K, violation de la règle des déclinaisons et des s. ; 2° la bizarrerie de la formule « Très haut prince et très cher seigneur Monseigneur Louis noble roi de France ». Il a été fabriqué à l'époque du vidimus pour soutenir les intérêts de la maison de Bar contre Philippe le Bel. Cf. M. Grosdidier de Matons, *La politique de Philippe le Bel dans l'évêché de Metz dans Bull., Soc. Lettres, Bar-le-Duc*, 1922, n° 3.

45. — S. D. (Vers 1120).

Renaud, frère de l'évêque de Metz est témoin de l'acte par lequel l'abbé de Maurmoutier échange des biens avec Berthe, abbesse du monastère de Sindelsberg.

Edit. : Schoepflin, *Alsatia diplomatica*, n° 247, p. 196.

46. — S. D. (Vers 1123).

Suger abbé de Saint-Denis lève l'excommunication qui pesait sur Albert comte de Morsberg (Marimont) époux d'une des filles du comte Thierry de Bar qui détenait injustement du chef de sa femme plusieurs villes du pays messin entre autres Sarreguemines et Bliederstroff qui appartenaient à l'abbaye de Saint-Denis.

Edit. : Duchesne, *Hist. de la Maison de France*, IV, p. 554; Doublet, *Hist. de Saint-Denis*, p. 855.

47. — 1124. — La Chalade.

Traité de paix entre le comte Renaud et le comte de Grandpré. Renaud reçoit de l'évêque de Verdun Dun et quatre villages, Rouvres, Malaumont, les Courcelles d'Ernecourt et de Domremy et le Mont-Sainte-Lucie.

Acte perdu. — **Sign.** : Laurent de Liége, S.S. X., p. 506 : Aubry de Trois-Fontaines, S.S. XXIII, p. 526.

48. — S. D. (entre 1119 et 1124).

Riquin, évêque de Toul, confirme à l'abbaye de Saint-Mihiel la possession du prieuré de Bar-le-Duc, celle d'un moulin donné par la comtesse Sophie et celle de l'église Saint-George de Bar injustement détenue par le comte Renaud, mais rendue par lui à cette époque.

Edit. : A. Lesort, *Cart. de Saint-Mihiel*, n° 71.

49. — 1125, 2 avril. — Senones.

Le comte Renaud souscrit une charte par laquelle Etienne, évêque de Metz, reconnaît qu'Antoine, abbé de Senones est exempt de la servitude qu'on voulait lui imposer dans le val de Senones.

Edit. : Dom Calmet, II, pr., p. 276, 2e édit., V, 153, *Gallia Christiana*, XIII, p. 489.

50. — S. D. (entre 1112 et 1126).

Frédéric, comte de Ferrette, écrit à son frère le comte Renaud pour lui rappeler les conditions des donations faites au prieuré d'Amance par lui et la comtesse Sophie et lui donner pouvoir de les défendre.

Orig. : Arch. Meuse H. fonds Saint-Mihiel, 5 P. — **Edit.** : L. Viellard, *op. cit.*, p. 207 ; A. Lesort, *Cart. de Saint-Mihiel*, n° 74.

51. — 1128, 31 mars. — Palais du Latran.

Dans un règlement par une commission de cardinaux d'un différend entre les abbayes de Juvigny et de Saint-Mihiel touchant l'église de Tyrei, l'abbé de Saint-Mihiel affirme que cette église lui a été donnée par la comtesse Sophie et que son église la possède depuis quarante et un ans.

Edit. : Baluze, *Miscellanea*, IV, p. 454 ; Mabillon, *De re diplomatica*, n° 178, p. 599 ; Dom de l'Isle, *Hist. de l'abbaye de Saint-Mihiel*, p. 457 ; A. Lesort, *Cart. de Saint-Mihiel*, n° 75. — **Sign.** : Georgisch, *op. cit.*, t. I, col. 531, n° 5.

52. — 1130.

Le comte Renaud souscrit l'acte par lequel son frère Etienne, évêque de Metz, confirme les biens des chanoines de Saint-Sauveur.

Edit. : *Gallia Christiana*, XIII, p. 403.

53. — 1131. — Liège.

Renaud est témoin d'un diplôme de l'empereur Lothaire pour Saint-Jean de Liége.

Edit. : Dom Calmet, II, p. 292, 2e édit., V, 175. — **Sign.** : Stumpf, *Kaiserurkunden*, n° 3259 ; E. Duvernoy, *Catalogue des actes des ducs de Lorraine*, n° 71.

54. — 1131, 24 avril. — Trèves.

Le comte Renaud est témoin d'un privilége de Lothaire II pour l'abbaye d'Epternach.

Edit. : P. Bertholllet, *Hist. du Luxembourg*, III, p. 54.

55. — 1133.

Notice de l'abbaye de Saint-Pierremont qui rappelle entre autres faits que le comte Renaud, seigneur de Briey lui a donné un moulin et a confirmé le don du moulin de Sarney.

Copie. B. N. fr. 7025, f° 649 et sq.

56. — 1135, 8 janvier. — Saint-Mihiel.

Le comte Renaud réglemente de nouveau les droits de l'avoué de Condé, Guy fils de Liétard.

Orig. : Arch. Meuse, H, fonds Saint-Mihiel, 2a [2]. — **Edit.** : Dom Calmet, II, pr., p. 303, 2e édit., V, 189 ; A Lesort, *Cart. de Saint-Mihiel*, n° 79. — **Sign.** : Georgish, *op. cit.*, col. 548, n° 2.

57. — 1135. — Metz.

Renaud, comte de Bar et ses fils Hugue et Renaud ainsi que le duc de Lorraine Simon, sont témoins d'une sentence d'absolution donnée par Alberon, archevêque de Trèves dans un concile à Metz en faveur d'Henri, comte de Salm.

Edit. : p. Ch. Hugo (Balcicourt) *Traité historique et critique sur l'origine et la généalogie de la maison de Lorraine*, pr., p. 57 ; Dom Calmet, II, pr., p. 305, 2e édit., V, col. 193. — **Anal.** : E. Duvernoy, *Catalogue d'actes*, n° 79.

58. — 1135.

Du consentement du comte Renaud son suzerain, Hébert de Bussey a renoncé au cens qu'il possédait sur les moulins de

Pichaumeix. Les prieurs de Vieuxmoutier et de Saint-Thiébaut font un accord au sujet de leurs droits respectifs sur ce moulin.

Orig. : Arch. Meuse, H, fonds Saint-Mihiel, 5q[1]. — **Edit.** : A. Lesort, *Cart. de Saint-Mihiel*, n° 80.

59. — 1136, 6 juin. — Pise.

Le pape Innocent II confirme l'accord fait à Rethel entre Frédéric, comte de Rethel et Henri, évêque de Toul, en présence de divers témoins dont Renaud comte de Bar.

Edit. : Dom Calmet, pr., p. 311, 2e édit., V, 300, *Gallia Christiana*, XIII, 497.

60. — 1138. — Strasbourg.

Renaud comte de Bar est témoin d'un diplôme de Conrad III confirmant l'accord intervenu entre l'évêque de Bâle et l'abbé de Celle-Saint-Pierre.

Edit. : Schoepflin, *Alsatia diplomatica*, I, n° 265.

61. — 1138.

Geoffroy, évêque de Châlons, confirme la donation faite au monastère de Montiers-en-Argonne par le comte Renaud de Bar, du consentement de ses fils Hugue et Renaud et la vente de Lamermont par Faucon de Belrain et sa femme, par Garnier de Saint-Baslemont et sa femme Tesceline du consentement des comtes Renaud de Bar et Ferry de Toul leurs suzerains.

Copie : Arch. Marne, H. Moutiers-en-Argonne; Cart. f° 20. — **Edit**. : en partie L.-J. Brouillon, *Les comtes de Dampierre-en-Astenois*, Châlons-sur-Marne, 1886, in-8°, p. 61. — **Anal**. : A. de Barthélemy, *Le diocèse ancien de Châlons*, II, p. 421.

62. — 1139. 28 mai. — Strasbourg.

Renaud est témoin d'un diplôme de Conrad III par lequel celui-ci confirme les jurandes et libertés de l'abbaye de Seltz.

Edit. : Schoepflin, *Alsatia diplomatica*, I, n° 267. — **Sign**. : Stumpf, *Kaiserurkunden*, n° 3337.

63. — Pâques, 30 mars 1141. — Strasbourg.

Renaud se rend à la diète tenue par Conrad III.

Sign. : Bernhardi, *Konrad*, III, p. 205; E. Duvernoy, *Le duc de Lorraine Mathieu Ier*, p. 36.

64. — 1141.

Henri, évêque de Toul, confirme les possessions de Riéval fondé par le comte Renaud de Bar, sa femme Gisèle de Vaudémont et sa fille Étiennette de Commercy et en particulier le don de Jovilliers fait à Herbert, premier abbé de Riéval, par Jeoffroy de Joinville.

Acte perdu : **Sign.** : *Gallia Christiana*, XIII, p. 1113 ; Simonnet, *Essai sur l'histoire et la généalogie des sires de Joinville*, p. 309 ; H. François Delaborde, *Jean de Joinville et les seigneurs de Joinville*, p. 249.

65. — 1142.

Renaud est témoin d'un acte de Ferry, comte de Toul, confirmant la donation faite par le duc Mathieu de Lorraine à l'abbaye de Tart de cinq salines à Vic-sur-Seille par la main du comte de Bar et d'Eudes de Moëlain.

Edit. : Dom Plancher, *Hist. de Bourgogne*, I, pr., p. 42 ; Dom Calmet, II, pr., p. 322 ; P. Benoit-Picart, *Origines de la maison de Lorraine*, p. 229 ; Migne, *Patrol. Latine*, t. 185 *bis*, col. 1412.

66. — S. D. (vers 1144).

Le pape Lucius confirme la fondation de l'abbaye de Riéval faite avec le consentement du comte Renaud.

Sign. : *Gallia Christ.*, XIII, p. 569.

67. — 1145. — Mousson.

Le comte Renaud de Mousson confirme la donation faite par Bernaicre, militaire du château de Mousson à l'église de Saint-Thiébaut d'un alleu à Creüe et d'une manse à Haumont-les-Lachaussée.

Edit. : A. Lesort, *Cart. de Saint-Mihiel*, n° 90.

68. — 1148, 20 janvier. — Trèves.

Le pape Eugène III ratifie l'accord intervenu entre le comte Renaud de Bar qui a succédé à Gozelon comme avoué d'Amel et l'abbaye de Gorze à propos du prieuré d'Amel, accord conclu sous l'évêque Poppon de Metz.

Orig. : Arch. Metz H. 763. Édit. : A. d'Herbomez, *Cart. de Gorze*, n° 158 ; Pflugk Hartung, *Acta pont. Rom. inéd.*, I, 200.

69. — S. D. entre 1140 et 1149.

Renaud, comte de Bar, souscrit un diplôme de Conrad III confirmant un échange entre l'abbaye de Springirsbach et l'archevêché de Cologne.

Edit. : Günther, *Codex diplomaticus rheno mosellanus*, p. 297.

70. — 1149, 10 août. — Varangeville.

Le comte Renaud souscrit la charte par laquelle Henri, évêque de Toul, confirme la fondation de l'abbaye de l'Etanche.

Edit. : P. Ch. Hugo (Balcicourt), *Traité historique et généalogique de l'origine de la maison de Lorraine*, pr., p. 73; Dom Calmet, II, p. 333.

71. — S. D.

Le comte Renaud donne au prieuré de Mousson construit par les moines de Saint-Mihiel, la chapelle du château de Mousson et divers biens aux environs.

Edit. : Dom Calmet, I. pr., p. 497; A. Lesort, *Cart. de Saint-Mihiel*, n° 92.

72. — S. D.

Renaud, comte de Bar donne au prieuré de Belval au comté de Vaudémont deux maisons, les dîmes de Puxe, Vesle, Souveraincourt, Battigny et Gelaucourt.

Perdu. — **Sign**. : Ruyr, *Les Sainctes Antiquités de la Vosge*, p. 390.

73. — S. D.

Le comte Renaud rend à l'abbaye de Saint-Mihiel l'église Saint-George de Bar-la-Ville.

Sign. : Dans les fragments narratifs en marge des cartulaires de Saint-Mihiel. — **Edit**. : A. Lesort, *Cart. de Saint-Mihiel*, fragments narratifs, n° 2, p. 417.

74. — S. D.

Henri, évêque de Toul, confirme la donation faite par Renaud, comte de Bar à l'abbaye de Trois-Fontaines de biens situés sur le finage de Contrisson.

Copie. : B. N. Coll. Champagne, 45, f° 66. — **Sign**. : A. Lesort, *Cart. de Saint-Mihiel*, p. 289, n. 4.

75. — S. D.

Albert, châtelain de Briey donne par la main du comte Renaud de Bar, les alleux de Lubey et de Vaxoncourt à l'abbaye de Saint-Pierremont.

Copie : B. N. mss. lat. 12866, f° 6. — **Edit.** : Lainé, *Généalogie de la maison de Briey*, p. 160. pr. III.

76. — (Entre 1137 et 1139).

Le cardinal Tyediwinus confirme les donations faites au prieuré d'Apremont, appartenant à l'abbaye de Gorze et entre autres celle de Gobert, seigneur d'Apremont où fut présent le comte Renaud.

Orig. : Arch. Meuse E. fonds d'Apremont, carton 1. — **Edit.** : A. d'Herbomez, *Cart. de Gorze*, n° 151. — **Observ.** : Pour la date cf. Marichal, *Remarques sur le cartulaire de Gorze*, p. 32-33.

77. — S. D.

Notice de l'abbaye de Saint-Pierremont qui déclare que le comte Renaud de Bar, seigneur du château de Briey du consentement de ses fils Renaud, comte de Bar et Thierry, princier de Metz, lui a donné le moulin de Briey.

Copie : B. N. mss. fr. 7025, f° 652. — **Observ.** : Cette notice a été rédigée à une époque très postérieure à la donation, car elle contient de sérieuses inexactitudes. D'après elle, la donation aurait été faite par Renaud, sur le point de mourir sur le vaisseau qui le ramenait de Terre Sainte « in reditu Jerosolimitani peregrinationis moriens », en présence de ses fils Thierry et Renaud. D'après la table du cartulaire de Saint-Pierremont, B. N., lat. 12866 elle occupait le f° 11 (le mss. présente une lacune des f°s 9 à 22, que l'on peut en partie réparer à l'aide des extraits de l'abbé Drouin (XVIIIe siècle). B. N., fr. 7025 ; elle a dû être rédigée à l'époque du cartulaire (fin du XIVe siècle).

RÈGNE DE RENAUD II (1150-1170).

78. — 1151.

Le comte Renaud souscrit un acte par lequel Albéron, évêque de Verdun, confirme les dons faits à l'abbaye de Trois-Fontaines par les seigneurs de Sommeville.

Copie. : B. N. Coll. Champagne, 45, f° 35.

79. — 1151.

Le comte Renaud confirme les dons faits à l'abbaye de Trois-Fontaines par Dodon de Sommeville et ses fils Adam, Faucon et Pierre.

Copie. : B. N. Coll. Champagne, 45, f° 36.

80. — 1151.

Le comte Renaud souscrit un acte de Mathieu Ier, duc de Lorraine, par lequel celui-ci fait savoir que Bernuelf, chevalier partant pour Jérusalem a donné à l'abbaye de Vergaville huit manses de terre qu'il tenait en fief sur le ban de Vergaville et approuve cette donation.

Copie : B. N. mss. latin, 10027, f° 7. — Mss. Coll. Lorr. 523, f° 248. — **Sign.** : E. Duvernoy, *Le duc de Lorraine Mathieu Ier, Catalogue des actes*, n° 24.

81. — 1151 ou 1152.

Manegaud, abbé de Saint-Mihiel adresse à Hillin, archevêque de Trèves une longue plainte contre Renaud, comte de Bar en raison des exactions commises sur les domaines de l'abbaye.

Edit. : Wassebourg, *Antiquités de la Gaule Belgicque*, f° 302; Baluze, *Miscellanea*, III, p. 71; *Gallia Christiana*, XIII, p. 574; Dom Bouquet, *Hist. des Gaules*, XV, p. 474; A. Lesort, *Cart. de Saint-Mihiel*, n° 99. — **Edité partiellement** : Flach, *Les origines de l'ancienne France*, t. II, p. 422; O. Morin, *Les avoueries ecclésiastiques en Lorraine*, p. 102, n° 1.

82. — 1152, 25 mai. — Signia.

Bulle du pape Eugène III aux évêques Etienne de Metz, Albéron de Verdun, Henri de Toul, pour leur mander de contraindre le comte Renaud de Bar à réparer les torts faits à l'abbaye de Saint-Mihiel.

Edit. : Wassebourg, *Antiquités de la Gaule Belgicque*, f° 303; Dom Bouquet, *Hist. des Gaules*, XV, p. 474; *Gallia Christiana*, XIII, p. 571; Migne, *Patr. latine*, t. 180, f° 1524; A. Lesort, *Cart. de Saint-Mihiel*, n° 98.

83. — 1154.

Renaud, comte de Bar et de Mousson, confirme le don que Gérard, châtelain de Bar, a fait du terrain de l'abbaye de Jeand'heurs aux Prémontrés.

Copie : Arch. Meuse H. fonds Jeand'heurs, *Cartulaire*, f° 16; Arch. Meurthe-et-Moselle, B. 476, f° 1. — **Edit.** : H. Labourasse, *L'abbaye de Jeand'heurs*, p. 141.

84. — 1155.

Renaud, comte de Bar, figure comme représentant de l'abbé de Neubourg dans un acte où Gautier, abbé de Seltz, promet sous certaines conditions la dîme de Laubach à l'abbaye de Neubourg.

Edit. : Schoepflin, *Alsatia diplomatica*, I, p. 284.

85. — Entre 1152 et 1156.

Le comte Thierry de Montbéliard certifie à Hillin, archevêque de Trèves que le prieuré de Salone que Thierry était accusé de détenir injustement avait été concédé à l'abbaye de Saint-Mihiel dont le comte avait l'avouerie par Sophie sa grand'mère et par son père. Il demande un délai pour venir en faire la preuve.

Orig. : Arch. Meuse, H. fonds Saint-Mihiel, J², f° 360. — **Edit.** : R. Parisot, *Les origines de la Haute-Lorraine*, p. 534; A. Lesort, *Cart. de Saint-Mihiel*, n° 102.

86. — 1156, 3 mars. — Bénévent.

Bulle du pape Adrien IV enjoignant à l'archevêque de Trèves Hillin, aux évêques Etienne de Metz, Alberon de Verdun et Henri de Toul de frapper le comte Renaud de Bar de l'excommunication, s'il ne satisfait pas l'abbaye.

Edit. : Loewenfeld, *Epistolae Pontificum romanorum ineditae*, n° 227; A. Lesort, *Cart. de Saint-Mihiel*, n° 103. — **Ind.** : Jaffé, n° 10156.

87. — 1158, 12 juin. — Verdun.

Renaud assiste au jugement et souscrit l'acte par lequel Albert, évêque de Verdun réglemente les droits de Garnier de Sampigny et de ses fils comme châtelains d'Hattonchâtel.

Orig. : parch. B. N. mss. Lorr. 335, f° 9. — **Edit.** : M. Grosdidier de Matons, *Les seigneurs de Sampigny au XIIe siècle* dans *Bulletin S. L. de Bar-le-Duc*, 1913, n° 2, p. 38.

88. — 1158. — Briey.

Renaud souscrit un acte d'Albert, évêque de Verdun, par lequel celui-ci après avoir constaté la mauvaise gestion de Pierre de Dombras comme voué de l'abbaye Saint-Paul de Verdun à

Villers-les-Mangiennes et de ses deux frères Hugue et Heimon décédés, la lui retire.

Copie : Bibl. Verdun, *Cart. de Saint-Paul*, f° 141. — **Edit.** : par fragments, Abbé Clouet, *Hist. de Verdun*, II, p. 294.

89. — 1158. — Mousson.

Renaud de Bar et sa femme Agnès prennent sous leur protection le prieuré de Villers-les-Mangiennes appartenant à l'abbaye Saint-Paul de Verdun.

Copie : *Bibl. de Verdun, Cart. Saint-Paul*, f° 142. — **Edit** : par fragments. Abbé Clouet, *op. cit.*, II, p. 294.

90. — 1158. — Metz.

Renaud de Bar est témoin d'une charte d'Étienne, évêque de Metz, par laquelle celui-ci abandonne à l'abbaye de Gorze les onze salines qu'il avait fait établir sans droit sur le domaine de l'abbaye.

Edit. : A. d'Herbomez, *Cart. de Gorze*, n° 171 ; Dom Tabouillot, *Hist. de Metz*, III, p. 122.

91. — 1159.

Le comte Renaud de Mousson atteste la donation faite à l'église de Jeand'heurs par Winiland de Ligny d'un alleu à Ville-sur-Saulx.

Copie : Arch. Meuse, H. fonds Jeand'heurs, *Cart.* I, f° 33. — **Edit.** H. Labourasse, *L'abbaye et le domaine de Jeand'heurs*, p. 142.

92. — 1165 (avant le 6 juin).

Henri, évêque de Toul, confirme les biens de l'abbaye de Riéval et notamment le don fait par Renaud le Vieux, comte de Bar et sa fille Étiennette de Commercy du terrain de l'abbaye aux Prémontrés.

Copie : Arch. Meuse, H. fonds Riéval, carton 1.

93. — 1166, 25 septembre. — Haguenau.

Renaud est témoin d'un diplôme de l'empereur Frédéric qui ratifie la donation faite à Thierry de Bar, évêque de Metz par Garnier de Boulant de divers biens à Othernheim et Phaterinheim et du château de Haboudange.

Edit. : P. Marichal, *Cart. de l'évêché de Metz*, p. 480, n° 213.

94. — 1166.

Renaud souscrit la charte par laquelle Pierre de Brixey, évêque de Toul, confirme que Philippe, châtelain de Bardonne en aumône à l'abbaye de Lisle-en-Barrois, Wathini, Culey et Courcelles.

Copie : Arch. Meuse, H. fonds Lisle-en-Barrois, *Cart.*, I, f° 276.

95. — 1166.

Renaud souscrit la charte par laquelle Pierre de Brixey, évêque de Toul, confirme la donation faite par Faucon de Belrain à l'abbaye de Lisle-en-Barrois de divers biens à Lamermont et au ban de Courcelles.

Copie : Arch. Meuse, H. fonds Lisle-en-Barrois, *Cart.*, I, f° 633.

96. — 1168, 14 septembre, Besançon (acte faux).

Le comte de Bar est témoin d'un diplôme par lequel Frédéric Barberousse donne à Hugue, sire de Bauffremont le droit de battre monnaie à Bauffremont.

Copie : B. N. nouvelles acq. latines, 2025, f° 20. — **Edit.** : *Documents inédits de l'histoire des Vosges*, IV, 342. — **Observ.** En dehors de l'invraisemblance qu'il y aurait eu à ce que l'empereur donne le droit de battre monnaie à un seigneur d'aussi peu d'importance que le sire de Bauffremont, d'autres raisons font rejeter cet acte : le faussaire l'a copié en entier sur le diplôme par lequel l'empereur donne à l'évêque de Toul le droit de battre monnaie à Liverdun (Cf. plus loin, n° 118) sans oublier de reproduire aussi la date fautive de 1168 (au lieu de 1178) sous laquelle est éditée la charte dans Dom Calmet, t. II, p. 364. La copie de la B. N. est insérée dans un recueil d'actes concernant la maison de Bauffremont. Tous ces actes sont copiés de la même main, vers le début du XIXe siècle et postérieure par conséquent à l'édition de Dom Calmet.

97. — S. D.

Renaud, comte de Mousson, déclare que les dames de l'abbaye de Saint-Maur de Verdun ne peuvent laisser qu'à Guéry ou à ses frères les dîmes de Mandres.

Orig. : Parch. Arch. Meuse, H. fonds Saint-Maur, carton Mandres, n° 1. — **Edit.** : Cf. plus loin, n° 1.

98. — S. D.

Renaud fait avec Manegaud,abbé de Saint Mihiel, un accord au sujet du tonlieu de la ville.

Edit. : A. Lesort, *Cart. de Saint-Mihiel*, n° 109.

99. — S. D., date d'année effacée, 6 décembre.

Le comte Renaud de Mousson fait connaître que Jean de Mares et ses frères ont inféodé à l'abbaye de Jeand'heurs une partie de leur alleu de Ville-sur-Saulx.

Edit. : H. Labourasse, *L'abbaye et le domaine de Jeand'heurs*, p. 150.
Obs. : Témoins : Gérard, châtelain de Bar, Riquin, son fils, surnommé Philippe, Aubert de Sainte-Menehould, Faucon de Belrain, Gautier de Bussy, Joffroy de Fouchères, Wiard Foacia, Albert, frère du châtelain, Thibaut et Richer de Sallemagne, Adam de Trémont, Guiard de Mares, Hecelin, Militer Castellani.

100. — S. D.

Renaud reconnaît que Eudes de Géry a donné à l'abbaye de Jeand'heurs ce qu'il avait à Lavarrenne.

Orig. : Arch. Meurthe-et-Moselle, B. 476, f° 7. — **Edit.** : Comte de Nettancourt, *Les sires de Narcy*, pr., p. 29.

101. — S. D. entre 1164 et 1170.

Renaud est témoin d'une charte de Thierry, évêque de Metz, par laquelle celui-ci reconnaît que l'abbaye de Gorze en reconnaissance de la donation d'une terre à Saint-Trond promet de faire brûler chaque année trois cierges devant le tombeau de l'évêque Étienne.

Orig. : Arch. Liège, fonds Saint-Lambert. — **Edit.** : A. d'Herbomez, *Cart. de Gorze*, n° 209; Dom Tabouillot, *Hist. de Metz*, III, f° 130. Cf. *Cart. de l'église Saint-Lambert*, par Bormans et Schoolmester.

102. — S. D. entre 1164 et 1170.

Thierry, évêque de Metz, déclare que Becelin d'Amance a engagé à l'abbaye de Gorze trois charretées de vin qu'il tient d'elle et que le comte de Bar et lui sont garants envers l'abbaye.

Orig. : A. Moselle, H. 875. — **Edit.** : A. d'Herbomez, *Cart. de Gorze*, n° 189.

103. — S. D.

Renaud et sa femme Agnès confirme un don fait à l'abbaye de Trois-Fontaines par Adam de Sommeville.

Copie : B. N., Coll. Champagne, 45, f° 36.

104. — 1170.

Le comte Renaud du consentement de sa femme Agnès et de ses fils Henri et Thiébaut donne à l'abbaye de Trois-Fontaines toute la côte depuis la vigne Gérard Mesle jusqu'au chemin public de la Fontaine Sparmaille et la plaine proche Marsolles sur le territoire de Bar.

Copie : Arch. Marne, H. fonds Trois-Fontaines. — Bibl. de Bar-le-Duc, fonds Servais, carton 1170.

RÈGNE D'HENRI Ier (1170-1189).

105. — 1171 (n. st.) 24 janvier.

La comtesse Agnès confirme la charte précédente et ajoute pour l'obit de son mari le comte Renaud une partie du bois de Marsolles.

Copie : Arch. Marne, H. fonds Trois-Fontaines. — Bibl. de Bar-le-Duc, fonds Servais, carton 1170.

106. — 1171.

L'évêque Pierre de Toul confirme les deux chartes précédentes.

Copie : *Ibidem*.

107. — 1174, 22 mars. — Beaupré.

Thierry, évêque de Metz, déclare qu'en la présence d'Henri comte de Bar, André d'Amance a renoncé aux deux charretées de vin qu'il tenait de l'abbaye de Gorze à condition que cette abbaye lui paierait cent livres de Chalons.

Orig. : A. Moselle, H. 729. — **Edit**. : A. d'Herbomez, *Cart. de Gorze*, n° 207.

108. — 1174.

Le comte Henri confirme la donation faite à l'abbaye de la

Chalade par Raoul de Clermont de biens au ban de Neuvilly et d'un péage à la Chalade.

Copie : B. N. mss. Coll. Moreau, 73, f° 76.

109. — 1175.

L'empereur Frédéric approuve la donation faite par testament par Renaud de Bar à l'abbaye de Neubourg de biens à Seelhofen et du troisième arbre que les moines peuvent prendre dans la forêt sacrée.

Edit. : Schoepflin, *Alsatia diplomatica*, p. 317.

110. — 1175.

Le comte Henri, l'année qu'il fut fait chevalier, confirme le don fait par son père Renaud à l'abbaye de Lisle-en-Barrois, des vaines pâtures de Louppy à charge par elle de réparer les dommages causés par les troupeaux.

Copie : Arch. Meuse, H. *Cart. de Lisle*, f° 1767.

111. — Après 1176.

Le comte Henri de Bar et Simon de Commercy souscrivent le traité de paix entre Mathieu, fils du duc de Lorraine et les chanoines de Toul en présence de l'évêque de Toul, Pierre de Brixey et du duc Simon II.

Acte perdu. — **Sign**. : Dom Calmet, II, 1, 22 c. 4 ; P. Benoit Picart, *Hist. de Toul*, IV, chap. II.

112. — 1177, 15 juin. — Verdun.

Arnoul, évêque de Verdun, lève l'excommunication qui pesait sur le comte Henri de Bar et sa mère Agnès. Ceux-ci s'engagent à donner chaque année le 2 février aux chanoines de la cathédrale quarante sous sur l'alleu de Bar pour les indemniser des dommages qu'ils leur avaient causés.

Copie : B. N. mss. Coll. Moreau, 77, f° 174. — **Edit**. : Dom Calmet, II, p. 382 à la date de 1179, 2e édit., III, 35, fragments dans Clouet, *Hist. de Verdun*, II, p. 301.

113. — 1177.

Le comte de Bar confirme le don qu'Isabelle de Trémont a fait à l'abbaye de Jeand'heurs de son alleu de Ville-sur-Saulx.

Copie : Arch. Meurthe-et-Moselle, B. 479, f° 15. — **Sign.** : *Gallia Christiana*, XIII, p. 1140.

114. — 1177.

Le comte Henri de Bar souscrit un acte d'Arnoul, évêque de Verdun, par lequel celui-ci confirme la donation que Raoul de Clermont a faite à l'abbaye de Lisle-en-Barrois de biens à Hattonmesnil et Yvraumont.

Copie : Arch. Meuse, H. fonds de Lisle, *Cartulaire*.

115. — 1177.

Pierre de Brixey, évêque de Toul, associe le comte de Bar à la reconstruction du château de Liverdun.

Copie : B. N. mss. fr. 11853, f° 168. Coll. Lorr., 718, f° 150. — **Edit.** : Ferry de Pange, *Soc. Arch. Lorr.*, 1892, p. 73 et sq.

116. — S. D. après 1177.

Henri, comte de Bar, prend sous sa garde et protection l'abbaye et le comté de Beaulieu-en-Argonne.

Orig. : Arch. Meurthe-et-Moselle, B. 481, f° 1. — **Edit.** : Roussel, *Histoire de Verdun*, preuve, n° 18; Dom Calmet, II, p. 366, 2e édit., VI, 19. — **Observ.** : Cette charte n'est pas datée. Roussel lui donne la date de 1172 toute fantaisiste. En réalité elle n'est pas antérieure à 1178, parce que Lanzon, abbé de Saint-Mihiel, qui figure comme témoin, a succédé au plus tôt cette année-là à Manégaud. Cf. A. Lesort, *Cart. de Saint-Mihiel*, p. 318, n° 2. Les autres témoins Gautier abbé de Lisle, Geoffroy de Bar, Geoffroy de Vienne, Garnier de Beaumont ne nous sont d'aucune utilité.

117. — 1178, 21 avril. — Latran.

Le pape Alexandre confirme les donations faites à Trois-Fontaines par les comtes de Bar, Renaud et Henri.

Copie : B. N. mss. Coll. Champagne, 45, f° 38.

118. — 1178, 14 septembre. — Besançon.

Le comte Henri de Bar souscrit le diplôme par lequel l'empereur Frédéric donne à l'évêque de Toul le droit de frapper monnaie à Liverdun.

Edit. : Dom Calmet, II, pr., p. 364 avec la date fautive de 1168, 2e édit., VI, 16. — **Sign.** : Stumpf, *Kaiserurkunden*, n° 4267.

119. — 1178, 15 septembre. — Besançon.

Le comte Henri de Bar reprend en fief de l'empereur Frédéric et de l'impératrice Béatrice, comtesse de Bourgogne, les villes d'Amance, Briey et Mousson du consentement du comte Louis de Ferrette.

Edit. : Pérard, *Recueil de plusieurs pièces curieuses servant à l'histoire de Bourgogne*, p. 253.

120. — 1178.

Agnès, comtesse de Bar, confirme la donation faite par Leucarde de Ligny à l'abbaye de Trois-Fontaines des vaines pâtures de Montplonne.

Copie : Arch. Marne H. fonds Trois-Fontaines.

121. — 1179.

Hugue, duc de Bourgogne, du consentement du comte Henri de Bar donne le comté de Langres à Gautier, évêque de Langres et à ses successeurs.

Orig. : Arch. Haute-Marne, G, 64. — **Edit**. : Dom Plancher, *Hist. de Bourgogne*, I, pr., p. 56. *Gallia Christiana*, IV, p. 187; Pérard, *Recueil de plusieurs pièces curieuses servant à l'histoire de Bourgogne*, p. 252.

122. — 1179.

Henri, comte de Bar, abandonne à Gautier, évêque de Langres, moyennant une rente sur les foires de Champagne, la vicomté de Langres qu'il avait reçue en fief de Hugue, duc de Bourgogne.

Edit. : Dom U. Plancher, *Hist. de Bourgogne*, I, pr., p. 58; Pérard, *Recueil de plusieurs pièces curieuses servant à l'histoire de Bourgogne*, p. 254; *Gallia Christiana*, IV, p. 188.

123. — 1179.

Le comte Henri fait savoir qu'Aubert de Sainte-Menehould et son fils Raoul ont donné à l'abbaye de Trois-Fontaines le droit d'usage dans leurs bois.

Copie : B. N. mss. Coll. Champagne, 45, f° 76.

124. — Entre 1172 et 1179.

Arnold, archevêque de Trèves, écrit à l'évêque de Toul et à l'évêque de Verdun leur enjoignant de faire rendre à l'abbaye de Saint-Mihiel les terres que lui a prises le comte Henri pour les inféoder. Le comte de Bar sur ces terres a constitué douze fiefs.

Edit. : *Gallia Christiana*, XIII, p. 573; A. Lesort, *Cart. de Saint-Mihiel*, nº 117.

125. — 1181.

Pierre, évêque de Toul, confirme que le comte Henri de Bar a approuvé l'échange fait entre le chapitre de Saint-Maxe de Bar et l'abbaye de Trois-Fontaines. Saint-Maxe cède Villers-aux-Chênes et Trois-Fontaines le bois de Marsolles à elle donné par le comte Renaud II.

Copie : Arch. Marne H. Trois-Fontaines. Bibliot. mun. de Bar-le-Duc, fonds Servais, 1181.

126. — 1182, 21 avril.

Le pape Lucius III confirme les dons faits à l'abbaye de Trois-Fontaines par les comtes Renaud et Henri de Bar.

Copie : B. N. Coll. Champagne, 45, fº 43.

127. — 1182, 30 décembre (acte faux).

Henri, comte de Bar, promet à Hugue de Bauffremont de ne pas accroître son domaine à ses dépens.

Copie : B. N. nouvelles acq. latines, 2085, fº 27. — **Edit.** : *Documents de l'Hist. des Vosges*, IV, p. 345. — **Observ.** : Les termes mêmes de cet acte paraissent peu vraisemblables et l'on a bien de la peine à y reconnaître le style ou les formes du XIIᵉ siècle. Exemple « promisi juramento Hugoni domino de Bafrémont quod dominium meum non crescam ». — On ne voit pas non plus le suzerain Henri reconnaître à ce petit vassal une immunité comme celle reconnue en l'acte. Dans l'ensemble, l'acte donne l'impression d'un assez mauvais thème latin dont la fabrication n'est sans doute pas antérieure à celle de l'acte, nº 96.

128. — 1183.

Henri, comte de Bar est témoin d'un acte de l'évêque de Châlons confirmant la donation faite par Gilbert de Joinville à l'abbaye de Saint-Urbain d'un petit domaine.

Copie. : B. N. Coll. Moreau, 86, fº 167. — **Edit.** : *Gallia Christiana*, IX, p. 926.

129. — 1183.

Le comte Henri de Bar prend sous sa protection l'abbaye de la Chalade.

Acte perdu. — **Sign.** : *Gallia Christiana*, XIII, p. 1320.

130. — (Entre 1181-1185), 1er mai.

Le pape Lucius confirme le don fait par Henri de Bar à l'abbaye de Trois-Fontaines d'une grange près du château de Bar.

Copie : B. N. Coll. Champagne, 45, f° 46.

131. — 1187.

Agnès, comtesse de Bar est témoin d'un acte par lequel Pierre, évêque de Toul concède à l'abbaye de Jeand'heurs la paroisse de Combles.

Edit. : Labourasse, *L'abbaye de Jeand'heurs*, p. 157.

132. — S. D.

Le comte Henri confirme à l'abbaye de Trois-Fontaines divers dons faits par Geoffroy, châtelain de Mousson qui se fit moine en cette abbaye.

Copie. : B. N. Coll. Champagne, 45, f° 80.

133. — 1189.

Henri avant de partir pour la croisade donne à l'abbaye de Sainte-Marie aux Bois la curie de Blanzey.

Edit. : Dom Calmet, II, pr., p. 388 avec date fautive de 1180, 2e édit., VI, 43. — **Sign.** : Ferry de Pange, *Mem. socie. arch. Lorraine*, 1892, p. 62; Duvernoy, *Cat. des actes des ducs de Lorraine*, n° 147.

134. — 1189.

Agnès, comtesse de Bar déclare que son fils Jacques dit Henri, comte de Mousson, de son consentement et de celui de ses frères Jean dit Thiébaut et Hugue clerc, a donné à l'abbaye d'Evaux une terre située au finage de Tréveray et a rendu Marchage qu'il avait enlevé injustement.

Copie. : Arch. Meuse, H fonds Evaux, D. 51.

135. — 1189.

Le comte Henri de Mousson accorde à l'abbaye de Trois-Fontaines le péage libre sur le pont de Mousson et confirme une donation d'Olry, châtelain de Bar.

Copie. : Arch. Meuse H. *Cart. Trois-Fontaines*, B. N. mss. Coll. Champagne, 45, f° 84.

136. — S. D.

Henri renonce pour une somme de soixante sous toulois à ses prétentions sur le péage des bateaux sur la Moselle entre Pompey et le pont de Liverdun.

Copie. : B. N. mss. fr. 11853, f° 168.

137. — S. D. (1176-1189).

Henri, comte de Mousson déclare qu'à la prière de Pierre de Brixey, évêque de Toul il répare les torts commis envers l'église de Toul.

Copie : du xiie siècle, B. N. Lorr. 243, f° 1. **Sign.** : Duvernoy, *Catalogues d'actes*, n° 104.

138. — S. D.

Le comte Henri de Bar pour témoigner son repentir des maux qu'il avait infligés à l'abbaye de Saint-Mihiel donne, du consentement de sa mère Agnès, de son frère Thiébaut, et de Ferry de Bitche une rente annuelle de quinze livres sur les marchés de Bar dont treize livres pour l'abbaye de Saint-Mihiel et quarante sous pour son prieuré de Bar.

Orig. : Arch. Meuse H. fonds Saint-Mihiel A[1]. — **Edit.** : A. Lesort, *Cart. de Saint-Mihiel*, n° 123.

139. — S. D.

Henri comte de Bar et sa mère Agnès sont témoins d'un acte par lequel les deux frères Poince et Hugue engagent leur alleu de Gimécourt à l'abbaye de Saint-Mihiel.

Orig. : Arch. Meuse H. fonds Saint-Mihiel, 3t[3]. — **Edit.** : A. Lesort, *Cart. de Saint-Mihiel*, n° 122.

140. — S. D.

Henri confirme la donation faite à l'abbaye de Jeand'heurs par Isabelle de Trémont de son alleu de Ville-sur-Saulx.

Copie : Arch. Meurthe-et-Moselle, B. 479, f° 1.

141. — 1190, octobre. — Acre.

Le comte Henri donne aux chevaliers du Temple pour l'entretien d'un chevalier en Terre Sainte, quinze livres annuelles à prendre sur les péages de Bar ou à défaut sur le tonlieu payables cent sous à la Saint-André et cent sous à la Saint-Martin.

Copie : Arch. Meuse, B. 228, f° 131.

142. — (Acte faux) 1190, décembre. — Messine.

Le comte Henri de Bar se porte garant des sommes empruntées à des marchands de Gênes et de Messine par ses compagnons lorrains et ses vassaux Hugue de Bauffremont, Thiébaut de Bauffremont, Renard de Choiseul, Dreux de Nettancourt, Hugue et Renaut de la Guiche, Pierre Frobey, Gille de Raigecourt, Philippe de Conflans, Hugue de Riste, Henri de Cherisey, Geoffroy de Longeville, Olry de Dampierre, Henri Beckars, Guillaume de Beauvoir, Hugue de Clairon, Hugue Frondais, Renaud de Crécy, Jean de Fellens, Etienne seigneur de Frain, Renaud de Montiers.

Edit. : *Revue d'Austrasie*, 6e *année*, n° 8 (août 1842) ; *Documents inédits de l'histoire des Vosges*, IV, p. 57.

143. — (Acte faux), 1191, août. — Acre.

Robert de Cherisey après la mort du comte de Bar se porte garant à sa place pour son frère Henri de Cherisey également décédé.

Edit. : *Revue d'Austrasie*, 6e *année*, n° 8 (août 1842). — **Observ.** : Sur la fausseté de ces deux actes. Cf. Firmin Comte, *Bull. Soc. L. Bar-le-Duc*, 1903, p. XXXIII.

RÈGNE DE THIÉBAUT Ier (1189-1214).

144. — 1189.

Thiébaut, comte de Briey donne en dot à son épouse Ermesinde de Luxembourg Briey, et, si le comte Henri venait à mourir sans hoir, le château de Saint-Mihiel. Agnès de Bar est témoin de cet acte.

Orig. : Arch. Meurthe-et-Moselle, B. 590, n° 1. — **Copie** : Arch. Meuse, B. 239, f° 1. — **Ind.** : à 1192 par Wurth-Paquet, *Publication de la société de Luxembourg*, t. XIV, p. 68. — **Edit.** : Dom Calmet, 2e éd., t. VI, pr., p. 61.

145. — S. D.

Agnès, comtesse de Bar déclare que Ada, femme de Vivien de Rambercourt et ses fils ont approuvé la donation faite à l'abbaye de Montiers-en-Argonne par Clarembaud de Possesse du fief de Gautier de Donjun, père d'Ada à savoir tout ce que les moines peuvent cultiver à Suzy, Viera, et Sainthelez.

Copie : Arch. Marne, H. Montiers, *Cart. du XVIe siècle*, n° 12. — **Analy.** : E. de Barthelemy, *Diocèse ancien de Châlons*, II, p. 424.

146. — S. D.

Thiébaut, comte de Bar approuve l'achat fait du vivant de son frère Henri en présence de sa mère Agnès par l'abbaye de Saint-Benoît-en-Woëvre des dîmes de Bessaucourt à Anscher de Saint-Mihiel et à Guéry, son neveu.

Orig. : Arch. Meuse, H. fonds Saint-Benoit, B[1].

147. — S. D.

Agnès, comtesse de Bar, termine après enquête du doyen de Bar, des prévôts de Ligny, Gondrecourt et Tréveray une difficulté entre ses sujets de Demange qui prétendaient avoir des droits à Fontenay et Plainlieu et l'abbaye d'Evaux.

Orig. : Arch. Meuse, H. fonds Evaux B[1].

148. — S. D.

Agnès, comtesse de Bar donne à l'abbaye d'Evaux sa maison de Ligny et son breuil de Saulx.

Orig. : Arch. Meuse, H. fonds Évaux E[1].

149. — S. D.

Agnès, comtesse de Bar, donne à l'abbaye de Jeand'heurs divers biens qu'elle possède à Ville-sur-Saulx.

Edit. : Labourasse, *L'abbaye de Jeand'heurs*, p. 157.

150. — 1188.

Thiébaut, comte de Stenay et Henri de Grandpré, fondent sur la Wiseppe, proche de Stenay, une ville neuve à laquelle ils donnent le nom de Beaufort et une charte de commune.

Edit. : Jeantin, *Chronique de l'Ardenne*, II, p. 542 et sq. — **Sign**. : E. de Barthélemy, *Les comtes de Grandpré*, p. 100.

151. — S. D. vers 1190.

Agnès, comtesse de Bar, donne à l'abbaye de Saint-Mihiel la dime de Tyrey, le tonlieu de Saint-Mihiel, le moulin de Neuville et une rente de 60 livres sur le tonlieu de Ligny sous le sceau de Thiébaut, comte de Mousson.

Edit. : A. Lesort, *Cart. de Saint-Mihiel*, n° 133.

152. — 1192.

Thiébaut, comte de Bar, confirme la donation que son frère Henri avait faite avant de mourir aux chevaliers du temple à Pierrevillers.

Orig. : Arch. Meurthe-et-Moselle, B. 620, f° 1.

153. — 1192.

Eudes de Vaudémont, évêque de Toul, confirme la charte précédente et celle d'Henri.

Copie : Arch, Meuse, B. 228. f° 131, v° et sq.

154. — 1192.

Marie, comtesse de Troyes, fait savoir qu'Agnès, comtesse de Bar, du consentement de son fils, Thiébaut de Mousson, a mis en gage entre les mains de l'abbé de Trois-Fontaines ses biens de la vicomté de Troyes pour régler quelques dettes.

Copie : B. N. mss. latin 11992, f° 177, v°.

155. — 1194.

Thiébaut, comte de Bar, donne à l'abbaye de Sainte Marie-aux-Bois l'alleu de Buissoncourt et lui confirme ce qu'elle avait reçu dans cet alleu de Conon d'Amance.

Orig. : A. Meurthe-et-Moselle, H. 1108, f° 1.

156. — 1195.

Thiébaut, confirme la donation de Willeroncourt à l'abbaye de Jeand'heurs.

Copie : Arch. Meuse, H. Jeand'heurs, *Cartulaire*, I. f°, p. 16. — **Sign**. : H. Labourasse. *L'abbaye de Jeand'heurs*.

157. — S. D. vers 1195.

L'abbé de Saint-Arnoul s'engage à n'avoir point de voué au ban de Cheminot et de Lay et à se mettre sous la protection du comte de Mousson : Témoins, Albert, évêque de Verdun, Robert de Grandpré, Nicolas, abbé de Saint-Mihiel.

Copie : B. N. fr. 11853, f° 196. — **Obs**. : Cet acte est vraisemblablement contemporain des suivants. Nicolas fut abbé de Saint-Mihiel entre 1191 et 1203.

158. — 1195.

L'évêque de Verdun notifie l'accord conclu entre le comte de Bar et l'abbé de Saint-Arnoul relatif à Cheminot et à Lay.

Orig. : A. Moselle, H. 42, n° 2.

159. — 1195.

L'abbé de Beaulieu et R. de Grandpré prévôt de la Collégiale de Montfaucon, notifient l'accord entre le comte de Bar et l'abbé de Saint-Arnoul.

Orig. : A. Moselle, H. 42, n° 3.

160. — 1197. — Chapelle de Sampigny.

Thiébaut, comte de Bar, renonce en faveur de l'abbaye de Saint-Arnoul à ce qu'il a à Cheminot et à Lay.

Orig. : A. Moselle, H. 42, n° 4.

161. — 1197.

Agnès de Bar et Thiébaut son fils fondent la Collégiale de Ligny et lui donnent 30 livres sur le tonlieu du château de Ligny le moulin situé sur l'étang de Ligny et le patronage de Bazoille.

Copie : A. Meuse, B. 3038, f° 1. B. N. mss. Baluze, 141. f° 75. B. N. coll. Duchesne et Bréquigny, 66, f° 146. — **Edit**. : Duchesne, *Hist. de la maison de Bar*, pr. 18; Dom Calmet, 2e édition, III, pr. 125; P. Benoit Picart, *Hist. de Toul*, pr. 97.

162. — 1197.

Agnès et Thiébaut donnent au chapitre de Ligny 30 livres sur les cens de Ligny.

Orig. : A. Meurthe-et-Moselle, B. 769, f° 1.

163. — 1197.

Nicolas, abbé de Saint-Mihiel, à la demande d'Agnès et de Thiébaut, donne aux chanoines de Ligny la collation de l'église de Dagonville et un tiers des dimes.

Edit. : *Gallia Christiana*, XIII, pr., p. 575.

164. — 1198, 18 août. — Montfaucon.

Thiébaut fonde pour l'abbaye de Rebais le prieuré de Marville et donne pour l'entretenir une charruée de terre.

Edit. : Bertholled, *Hist. du Luxembourg*. IV, pr., p. 39.

165. — 1198.

Thiébaut donne à l'abbaye de Lisle-en-Barrois une grange sur la côte de Bar, le bois de « Murum silva » sans qu'on puisse le détruire et le pré de « Ponte silva ».

Orig. : Arch. Meuse, H. Lisle-en-Barrois, 4, Bar-le-Duc, n° 1.

166. — 1199. — Montfaucon.

Thiébaut de Bar fait savoir à Gernon de Saulx qu'il a donné au prieuré de Marville l'affouage de Failly parce que le prieur s'était plaint de ne pouvoir labourer, sans affouage, la terre dont le comte lui avait fait don.

Edit. : Bertholled, *Hist. du Luxembourg*. IV, pr., p. 40.

167. — 1199, 26 juillet.

Monastère de Saint-Médard, proche le pont de Dinant.

Traité de paix entre Thiébaut, comte de Bar, d'une part, et Baudoin, comte de Flandre et de Hainaut et Philippe, comte de Namur, d'autre part, pour le réglement de la succession du Luxembourg.

Edit. : Bertholled, *op. cit.*, IV, pr., p. 40 et sq., *Hist. des Gaules*, XVIII, p. 628 et sq. ; Ernst, *Hist. du Limbourg*, IV, pr. 29.

168. — 1200, avril.

Hugues, comte de Vaudemont devient homme lige de Blanche, comtesse de Troyes et de Thibaut comte de Champagne son fils sauf la ligeange du comte de Bar-le-Duc pour lequel hommage il a reçu 60 livres de rente annuelle.

Edit. : Chantereau Lefebvre, *Traité des fiefs*, II, 17.

169. — 1200, juillet.

Guy de Dampierre atteste qu'il a fait un accord avec Thiébaut, comte de Bar et Luxembourg, relatif aux duels entre ses sujets de Saint-Dizier et ceux du comte de Bar.

Orig. : Arch. Affaires étrangères, supp. Lorr., I, f° 28. — **Copie** : B. N. fr. 11853, f° 97, A. Meurthe-et-Moselle, B. 402. f° 1. —**Edit.** : Dom Calmet, II, pr., p. 412, 2e édit., VI, 72. — **Ind.** : Rozerot, *Répertoire*, *Hist. de la Haute-Marne*, n° 728.

170. — 1200, novembre.

Ermesinde de Luxembourg, comtesse de Bar, confirme le traité de Dinant.

Edit. : Ernst, *Hist. du Limbourg*, IV, 31.

171 (faux). — 1200.

Henri Ier déclare que Geoffroy, chevalier de Bar, seigneur des Woëvres a donné à l'ordre du Temple ce qu'il avait dans l'alleu de Doncourt.

Copie : Ar. Meurthe-et-Moselle, H. 317², f° 1. — **Obs.** : Henri Ier était mort en 1190. Il n'a jamais existé de seigneur des Woëvres.

172. — 1201, février.

Thiébaut, comte de Bar et Luxembourg, constate que Werri de Frandeux a de son consentement donné sa terre de Waha à l'église de Leffe.

Edit. : Bertholet, *Hist. de Luxembourg*, IV, pr., p. 42.

173. — 1201.

Hugue, comte de Rethel, s'engage envers le roi Philippe-Auguste à réparer les torts faits à certaines églises. Il donne comme caution Blanche de Champagne, l'archevêque de Reims, le comte de Bar, le comte d'Auxerre et Gaucher de Châtillon.

Edit. : A. Teulet, *Trésor des Chartes*, I, p. 229, nº 620.

174. — 1201.

Thiébaut, comte de Bar, reconnait à Pierre, abbé de Gorze, que la pêche sur la Moselle appartient à l'abbaye jusqu'au poteau de Vittonville.

Orig. : A. Moselle H. 740, fº 1.

175. — 1202, novembre.

Traité de paix entre Ferry de Bitche et son beau-père le comte de Bar.

Copie : B. N. fr. 11853, fº 262 rº et vº. Coll. Lorr., 719, fº 148 vº, Coll. Dupuy, 575, fº 4. — **Edit.** : M. de Pange, *Mém. société, Arch. Lorraine*, 1892, p. 75. — **Sign.** : Duvernoy, *Catalogue des actes des ducs de Lorraine*, nº 183.

176. — 1202, novembre.

Traité de paix entre le comte de Bar et Mathieu, comte de Toul qui devient homme lige de Thiébaut.

Copie : B. N. fr. 11853, fº 264. Coll. Lorr., 719, fº 148. — **Edit.** : Comte Ferri de Pange, *op. cit.*, p. 76.

177. — 1202.

Le comte Thiébaut de Bar donne à la collégiale de Ligny, l'église de Graffigny.

Orig. : Arch. M. et M., B. 769, nº 1.

178. — 1203, janvier.

Le comte Thiébaut de Bar affranchit la ville de Roncourt à la loi de Beaumont.

Orig. : A. M. et M., B. 256, fº 26. — **Sign.** : Comte Ferri de Pange, *Mém. société d'arch. Lorr.*, 1892, p. 78.

179. — 1203, avril.

Thiébaut affranchit la ville de Saint-Thiébaut sous Bourmont et son fils Henri jure d'observer les clauses de cette charte d'affranchissement.

Orig. : Arch. commune de Saint-Thiébaut. — **Edit**. : A. Pawlovski, *Bull. arch. du Comité des travaux historiques*, 1898, p. 252; Berthollet, *Hist. du Luxembourg*, IV, pr. 42. — **Edit**. : Fragments : Mireus, *Opuscula Diplom*., t. I, 402; A. Duchesne, *Hist. de la maison de Bar*, pr., p. 21. — **Sign**. : Brequigny, IV, 326; Rozerot, *Répertoire historique de la Haute-Marne*, n° 747.

180. — 1203, mai.

Thiébaut, comte de Bar et Lux., donne à perpétuité aux lépreux de Verdun la prébende de huit rez qu'il avait en l'église de Verdun.

Perdu. **Sign**. : par Clouet, *Hist. de Verdun*, II, 336 d'après un inventaire des titres de la Maladrerie du xve siècle.

181. — 1203, juin.

Le comte de Grandpré fait connaître qu'il a engagé à Thiébaut, comte de Bar et de Luxembourg, toute la terre d'Andevanne et tout le ban de Bettemberch avec tous ses droits et fruits y attachés pour deux cents livres provinesiens et pour deux cents livres messins. Albert, évêque de Verdun est témoin de l'acte.

Edit. : Berthollet, *op. cit.*, IV, pr.

182. — 1204, 1er juin. — Rouen.

Le comte de Bar est témoin de l'acte de reddition de la ville de Rouen, au Roi de France Philippe-Auguste.

Edit. : *Hist. des Gaules*, XVIII, f° 57 et sq. — **Sign**. : B. N. Coll. Lorr., 345, f° 2; L. Delisle, *Catalogue des actes de Philippe-Auguste*, n° 228.

183. — 1204, octobre.

Le comte Louis de Chiny reconnaît être homme lige de Thiébaut, comte de Bar et tenir de lui le château de Chiny comme son père l'a tenu.

Copie : B. N. fr. 11853, f° 137. B. N. Coll. Lorr., 186, f° 29. B. N. Coll. Lorr., 718, f° 172 A. Meurthe-et-Moselle, B. 407, f° 1. — **Edit**. : Jeantin, *Chronique de l'Ardenne*, II, 81. — L. Viellard, *op. cit.*, n° 306, p. 364.

184. — 1204.

Thiébaut, comte de Bar, fait savoir que, moyennant soixante

sous donnés par les moines, Albert et Jean, fils de Vivien de Rembercourt, renoncent en faveur de l'abbaye de Montiers à la possession du fief de Clarambaud de Possesse à Suzy, Iveri et Saintholez.

Copie : Arch. Marne, A. *Cart. de Montiers en Argonne*, n° 31. — **Anal.** : A. de Barthélemy, *Diocèse ancien de Chalons*, II, 431.

185. — 1205.

Ysabeau, dame de Monseler donne à Thiébaut, comte de Bar son fief de Richemont.

Sign. : Sauer, *La Moselle administrative*. 1857, p. 398.

186. — 1206. Avril.

Thiébaut, comte de Bar et de Luxembourg donne à Blanche, comtesse de Champagne, deux filles de Gérard la Poire, l'une mariée à Gaucherin, l'autre à Guillaume le moine. En échange la comtesse lui donne la fille de Garnier le Prévot, femme d'Adam la Poire et la fille de Pierre Louis, femme de Ferri la Poire. Les enfants dont le père ou la mère aura été serf du comte de Bar, où qu'ils naissent, lui appartiendront.

Copie : A. N. J. 911, n° 1. B. N. fr. 4847, f° 275. B. L., coll. Lorr. 53, f° 1. — **Edit.** : Chantereau-Lefebvre, *Traité des fiefs*, p. 30. — **Sign.** : D'Arbois de Jubainville, *catalogue*, n° 650; H. Delaborde, *suppl.*, n° 160.

187. — 1206, novembre.

Blanche de Champagne fait connaitre qu'en sa présence Thiébaut, comte de Bar et Guy de Juilly se sont accordés pour Juilly-sur-Sarce et Thors.

Copie : A. N. J., 912, n° 3. — **Anal.** : Chantereau-Lefebvre, *Traité des fiefs*, II, p. 30-31 ; d'Arbois de Jubainville, *Catalogue*, n° 659; H. Delaborde : *supp.*, n° 167.

188. — 1208, 2 novembre.

Traité de paix entre Ferri duc de Lorraine et Thiébaut, comte de Bar qui peut retenir Amance, Stenay et Longwy, dot d'Agnès de Bar, épouse de Ferri, au cas où ce dernier n'observerait pas la paix promise au comte de Bar.

Orig. : Arch. de Vienne. — **Copie** : B. N., fr. 11853, f° 261. Arch. Meurthe-et-Moselle, B. 417, f° 51. — **Edit.** : Hugo, *Maison de Lorr.*, pr.

p. 84 ; Dom Calmet, II, p. 375, 2e édit., t. II, p. 76 ; Bertholet, *Hist. du Luxembourg*, IV, 1. 294 ; Dieterlen, *M. S. Arch. Lorr.*, 1913, p. 48 (d'après l'original). — **Anal.** : Böhmer et Ficker, n° 10708 ; Duvernoy, *Catal. d'actes des ducs de Lorraine*, n° 225.

189. — 1208, décembre.

Le comte de Bar et Luxembourg fait connaître que Nicolas de Han a reçu de lui le château de Han et ses dépendances ainsi que Bazailles.

Copie : Arch. Gouv. Luxembourg, *Cart. parch.*, f° 61, v°. — **Sign.** : Würth Paquet, *Table chronologique*, n° 26.

190. — S. D. entre 1206 et 1208.

Gautier, abbé de Saint-Mihiel, fait savoir à Thiébaut, comte de Bar qu'il a affranchi les drapiers de la ville de Saint-Mihiel des tailles et corvées moyennant 18 deniers annuels payables à la Saint-Remy.

Copie : Arch. Meuse, H Saint-Mihiel a a a 5. *Cart. de Saint-Mihiel*, J 1, f° 170 et J 2, f° 335. — **Observ.** : La date est fournie par l'abbatiat de Gautier.

191. — S. D. avant 1208.

Thiébaut, comte de Bar et de Luxembourg confirme à l'abbaye de Sainte-Glossinde de Metz la possession des dîmes de La Croix-sur-Meuse.

Copie : B. N., mss., latin, 10024, f° 48. — **Observ.** : Albert, évêque de Verdun mort en 1208 est témoin de cet acte.

192. — 1209, avril. — Hesdin.

Le roi de France donne quittance à divers seigneurs qui s'étaient portés garants pour le comte de Rethel parmi lesquels le comte de Bar.

Sign. : L. Delisle, *Catalogue des actes de Philippe-Auguste*, n° 1131.

193. — 1209, avril.

Thiébaut, comte de Bar fait savoir que l'abbé de Saint-Mihiel a acheté pour 60 sous provinesiens ce que dame Ada tenait du châtelain de Mousson : rien ne pourra être changé au fief sans l'assentiment du châtelain qui peut le racheter.

Orig. : Arch. Meuse, H. Saint-Mihiel, 6, C[1]. — **Copie** : *ibid.* H. *Cart. de Saint-Mihiel*, J[2], f° 278.

194. — 1209, mai.

Gérard, abbé de Stavelot, et le couvent de Malmedy déclarent s'être obligés envers Thiébaut, comte de Bar et de Luxembourg, à ne pas mettre hors leurs mains le château de Logne.

Edit. : Bertholet, *Hist. de Luxembourg*, IV, pr., p. 43.

195. — 1209, juin.

Thiébaut, comte de Bar et Luxembourg, déclare que Rembaud de Muraut a attesté devant lui avoir vendu à l'abbaye d'Orval le tiers de l'alleu de Buré.

Edit. : H. Goffinet, *Cart. d'Orval*, p. 158.

196. — 1209.

Thiébaut, comte de Bar et de la Roche, confirme les franchises et privilèges accordés aux bourgeois de Beauraing par Symon de Beauraing leur seigneur.

Edit. : Tandel, *Les communes luxembourgeoises*, V, p. 456.

197. — 1210, juin.

Gille de Souilly met sa ville de Belleray en la garde de Henri, fils du comte de Bar.

Copie. : B. N. fr. 11853, f° 79. L. 718, f° 96 v°.

198. — 1210.

Thiébaut, comte de Bar et Luxembourg, déclare qu'Arnoul de Virey n'a aucun droit sur l'avouerie de Vigy appartenant à l'abbaye Saint-Arnould de Metz.

Orig. : A. Moselle. H. 141, n° 1.

199. — 1211, janvier.

Thiébaut affranchit les habitants d'Andernay et fonde une chapelle dans cette ville à laquelle il donne deux fauchées de pré, deux jours de terres et un muid de blé à prendre sur le moulin de Condé.

Copie : Arch. Meurthe-et-Moselle, B. 343, f° 6, A. Meurthe-et-Moselle, B. 530, f° 1.

200. — 1211, mars (anc. style).

Henri, fils du comte de Bar, atteste que Foulque de Norroy a vendu à l'abbaye de Saint-Arnould de Metz un fief à Cheminot.

Orig. : A. Moselle, H. 42, n° 6.

201. — 1211, 3 avril.

Thiébaut avant de partir pour la croisade contre les Albigeois partage ses biens entre sa femme Ermesinde et ses enfants Henri et Renaud.

Orig. : A. Chantilly, E. 5. — **Copie** : B. N. Lorr. 718, f° 197 avec date fausse de 1220. B. N. fr. 11853, f° 46. — **Edit**. : A. Lesort, *Les chartes du Clermontois au musée Condé*, IV, p. 63.

202. — 1211, mai.

Thiébaut fonde la chapelle Sainte-Catherine au château de Saint-Mihiel et la dote de six muids de blé sur le moulin de Morvaux, de soixante sous sur ses fours. Les rentes sont nettes et sans charge.

Orig. : A. Meurthe-et-Moselle, B. N. 711, II, n° 17. — **Copie** : B. N. fr. 11853, f° 121. B. N. Lorr. 719, f° 35.

203. — 1211, mai.

Robert, abbé de Trois-Fontaines reconnaît avoir reçu en aumône de Thiébaut 25 fauchées de pré à Remennecourt.

Copie : B. N. fr. 11853, f° 46. B. N. Lorr. 718, f° 40.

204. — 1211, mai.

Robert, abbé de Trois-Fontaines, reconnaît ne pouvoir rien acquérir sans le consentement du comte de Bar.

Copie : B. N. Coll. Lorr., 718, f° 3.

205. — 1211, mai.

Thiébaut, du consentement de son fils Henri, donne à l'église de Saint-Médard, près Beaulieu, six razières de froment à prendre sur les moulins de Clermont.

Orig. : A, Nord. B. 1535, n° 11.

206. — 1211, mai.

Blanche de Champagne ménage un accord entre Henri de Bar et Ide de Foissy, à propos de l'héritage de leur mère Ermesinde de Bar-sur-Seine, dame de Trainel. Ide cède à Henri tout ce qu'elle avait à Marcilly, Pouy, sur les péages de Provins et la maison forte de Sormery.

Copie : B. N. fr. 11853, f° 20.

207. — 1211, juin. — Nogent.

Blanche ménage un nouvel accord entre Henri et Ide de Foissy, à propos d'une terre qu'Ermesinde avait achetée à Marie, sœur de Ide et d'Ermesinde.

Copie : B. N. fr. 11853, f° 20.

208. — 1211, octobre.

Baudouin d'Autry met en la garde du comte de Bar ses trois villes, Binarville, Condé-les-Autry et Wischeri : les hommes labourant paieront un fustaire d'avoine et les autres un demi. Le comte doit protéger les hommes de ces villes contre tous. Baudoin ne peut mettre ses biens sous la garde de personnes autres que le comte de Bar, seigneur de Clermont.

Copie : B. N. fr. 11853, f° 172 v°, L. 718, f° 83 v°.

209. — 1212, mai.

Thiébaut atteste que lui et Guy, châtelain de Bar, ont fait une donation à la chapelle d'Andernay dépendant de l'abbaye de Jeand'heurs.

Copie : Arch. Meuse, B. 261, f° 88. — Arch. Meuse, H. *Cart. de Jeand'heurs*, I, f° 501. — **Edit.** : H. Labourasse, *L'abbaye de Jeand'heurs*, p. 159.

210. — 1212, 23 mai. — Lameh.

Le roi d'Angleterre écrit à Thiébaut, comte de Bar, qu'il lui rendra les terres qu'il lui avait jadis inféodées.

Edit. : Rymer, *Fœdera*, I, 160, 3e édit., I, 2e partie, 51.

211. — 1212, 23 mai. — Lameh.

Le roi d'Angleterre accepte l'hommage d'Henri, fils du comte de Bar, et l'invite à venir en Angleterre.

Edit. : Rymer, *Fœdera*, I, 160.

212. — 1212, juin.

Henri, fils du comte de Bar, fait savoir que Renier de Pares (Paroy) a donné 25 arpents de terre à l'église de Bourg-Sainte-Marie.

Edit. : Duchesne, *Hist. de la maison de Bar*, pr. 23. — **Sign**. : Rozerot, *Rep. hist. de la Haute-Marne*, n° 814; Brequigny, IV, p. 536.

213. — 1212, juillet.

Gaucher de Nanteuil, fait savoir que Raoul de Clermont et ses frères, ont donné à Thiébaut ce qu'ils possédaient à Clermont et Auzéville. En retour, le comte de Bar, leur donne ce qu'il possède au ban de Chaumont. Le comte ne peut retenir aucun homme de Chaumont. Il est stipulé, en outre, que le sire de Chaumont ne peut retenir aucun homme de Tarincourt et réciproquement et que si les hommes de Gibercourt se mettent en la main du comte, leurs biens feront retour à Raoul; l'acte reçoit l'approbation d'Henri.

Orig. : A. Chantilly, E[1]. — **Copie** : B. N. fr. 11853, f°. — **Edit**. : A. Lesort, *Les Chartes du Clermontois*, n° v; Roussel, *Hist. de Verdun*, pr., n° 119.

214. — 1212, septembre.

L'abbé de Jovilliers vend à Thiébaut les terres et les bois que l'abbaye possédait entre Aulnois et Levennecourt (Lavincourt).

Copie : B. N. fr. 11853, f° 84, v°; Arch. Meuse, B. 228, f° 161.

215. — 1212, 11 novembre.

Thiébaut avec l'assentiment de son fils Henri donne aux Templiers de Doncourt et d'Avillers le ban de Burey et leur rend la maison d'Avillers qu'ils lui avaient cédée.

Orig. : Arch. Meuse, H. Commanderie de Marbotte non cotté.

216. — 1212.

Thiébaut signe l'acte par lequel Blanche de Champagne règle le droit héréditaire des filles en Champagne et les duels.

Orig. : A. N. J. 198, n° 20. — **Copie** : A. N. K. K. 1064, f° 9, B. N. latin, 5992, f° 4; Arch. Ardennes, E. 50, f° 40. — **Edit.** : Chantereau-Lefebvre, *Traité des fiefs*, II, p. 44; A. Teulet, *Trésor des Chartes*, I, n° 1031. — **Sign.** : d'Arbois de Jubainville, *Catalogue*, n° 814.

217. — 1212.

Louis, abbé de Saint-Vannes associe le comte de Bar et son fils Henri à la possession de la ville neuve d'Auzécourt.

Copie : B. N. fr. 11853, f° 91, v°; Arch. Meurthe-et-Moselle, B. 534, f° 1.

218. — 1212.

Baudoin d'Autry se déclare homme lige du comte de Bar pour Binarville et ses dépendances après le comte de Grandpré et reçoit de l'argent pour cet hommage.

Copie : B. N. fr. 11853, f° 178, v°; B. N. Lorr., 718, f° 67, v°.

219. — 1212.

Le duc de Lorraine déclare que par l'intermédiaire du comte de Bar l'abbé de Stavelot et Thierry de Combles se sont accordés entre eux.

Copie : B. N. fr. 11853, f° 263.

220. — 1212.

Thiébaut, comte de Bar et de Luxembourg renonce à ses prétentions sur l'église de Tohongne donnée à l'abbaye de Floreffe par son beau-père Henri, comte de Namur.

Copie : B. N. fr. 11853, f° 181. — **Edit.** : Tandel, *Les communes Luxembourgeoises*, V, p. 299.

221. — 1213, mai.

Jacques d'Orchimont se reconnaît homme lige de Thiébaut, comte de Bar et Luxembourg après le comte de Rethel et reprend de lui le château de la Roche, ses alleus de Laforest, Belle-Fontaine, Marlère, Mombrete, Chérisey et Mauvisin.

Copie : B. N. fr. 11853, f° 92, r°.

222. — 1213, juin.

Gautier de Vignory se déclare homme lige de Thiébaut, comte

de Bar après le duc et le comte de Bourgogne et le comte de Champagne.

Copie : B. N. fr. 11853, f° 248; Lorr. 718, f° 50.

223. — 1213, août.

Thiébaut fait savoir que Garnier d'Amance a donné à l'abbaye de Trois-Fontaines les dîmes de Bazincourt.

Copie : Arch. Marne, H. *Cart. de Trois-Fontaines.*

224. — 1213, août.

Thiébaut fait savoir que Hugues d'Amel son vassal a donné à l'abbaye de Saint-Mihiel trois moulins qu'il avait à Rupt.

Orig. : Arch. Meuse, H. Saint-Mihiel, 4V[1]. — **Copie** : *Ibid.*, *Cart. de Saint-Mihiel*, J[2], f° 26.

225. — 1213, novembre.

Thiébaut donne aux Templiers tout ce qu'il possède à Pierre-villers les Maranges et dix livres sur le four de Briey.

Copie : Arch. Meuse, B, 239, f°97, A. Meurthe-et-Moselle, B. 334, f° 1. — **Edit**. : Cf. plus loin, n° II.

226. — 1213.

Henri, fils du comte de Bar approuve la donation précédente.

Copie : Arch. Meuse, B. 239, f° 98. — **Edit**. : Cf. plus loin, n° III.

227. — 1213, 13 décembre.

Aubert de Darney est homme de Thiébaut, comte de Bar pour Acreignes et Mandres.

Copie : B. N Lorr. 719, f° 124 v°.

228. — 1213.

Jean, abbé de Saint-Paul s'accorde avec Jean de Maizey par l'intermédiaire du comte de Bar.

Sign. : *Gallia Christiana*, XIII, p. 1332.

229. — 1213.

Thiébaut témoigne que Raoul, fils de Garin de Saint-Aubin a

donné à l'abbaye de Saint-Mihiel ce qu'il avait à Jouy de Vignoz (Jouy-sous-les-Côtes, proche Vignot).

Orig. : Arch. Meuse, H. Saint-Mihiel 2 X [5]. — **Copie.** : *Ibid. Cart. de Saint-Mihiel*, J [3], f° 170.

230. — 1213.

Du temps de l'abbé Robert et du comte Thiébaut, dame Ade de Koeur donne à l'abbaye de Saint-Mihiel quelques hommes et femmes de son héritage.

Copie. : Arch. Meuse, H. Saint-Mihiel, *Cart.* J [2], f° 266.

231. — 1213. — Bar.

Thiébaut est garant de l'accord conclu entre Louis, abbé de Saint-Vannes, et Guillaume, prieur de Vieux Moutier, au sujet d'un pré situé entre Laheycourt et Vieux Moutier.

Copie. : B. N. fr., 11853, f° 79 r°. *Coll. Lorr.* 718, f° 4.

232. — 1213.

Gérard, abbé de Jeand'heurs met le ban et le bois de Combles en la protection de Thiébaut, comte de Bar et Luxembourg.

Copie. : B. N. mss. fr. 11853, f° 79. — **Edit.** : H. Labourasse, *L'abbaye de Jeand'heurs*, p. 158.

233. — 1213.

Renaud, évêque de Toul fait savoir que Ferry de Vaucouleurs et son fils Louis sont hommes de Thiébaut et reçoivent de lui en fief Francheville, Sauvoy et Mauvages.

Orig. : B. I. Godefroy, 139, f° 24. — **Copie.** : B. N. fr. 11853, f° 221, B. N. Lorr. 719, f° 68.

234. — 1213.

L'évêque de Toul reconnait que Renaud de Gondrecourt est homme lige du comte de Bar.

Copie. : B. N. fr., 11853, f° 221, v°.

235. — S. D. (1208-1213).

Thierry de Romont fait savoir qu'il est homme lige de Thiébaut après le duc de Lorraine pour son château de Romont qui est rendable au comte.

Copie. : B. N., fr. 11853, f° 92.

236. — S. D. (1208-1213).

Ferry duc de Lorraine fait savoir que Thierry de Romont a, de son consentement, mis son château en la main du comte de Bar.

Orig. : A. Meurthe-et-Moselle, B. 879, n° 37. — **Copie.** : B. N., fr., 11853, f° 263; A. Meurthe-et-Moselle, B, 377, f° 48, B. 379, f° 260-263. — **Sign.** : A. Duvernoy, *Cat. d'actes des ducs de Lorraine*, n° 247. — **Obs.** : Ces deux actes sont très probablement de l'année 1208 après le 2 novembre et ont dû suivre la signature du traité de paix entre Ferry et Thiébaut où l'une des clauses stipulait la destruction du château de Romont, qui ne fut pas effectuée, le comte de Bar préférant sans doute qu'on lui en fît hommage.

237. — 1214, Janvier.

Renier de Novéant est homme de lige de Thiébaut et tient de lui sa maison de Provenchères valant 40 livres de rentes.

Orig. : B. N. Coll. Lorr., 982, f° 1. — **Copie.** : B. N., fr. 11853, f° 228. Lorr., 718, f° 48, v°.

238. — S. D.

Thiébaut comte de Bar et Luxembourg prévient ses vassaux que les biens de l'abbaye de Clairvaux jouissent d'un sauf-conduit sur ses domaines et ceux de ses alliés.

Orig. : Arch. Aube H. Clairvaux. — **Edit.** : d'Arbois de Jubainville, *Études sur l'état intérieur des abbayes cisterciennes*, p. 393, n° XXII.

239. — S. D.

L'abbé de Stavelot et Malmédy met ses biens sous la protection du comte de Bar et Luxembourg.

Copie : B. N. fr. 11853, f° 263.

240. — S. D.

Thierry de Rochefort fait savoir qu'il tient de Thiébaut, comte de Bar et de Luxembourg, son château de Rochefort et qu'il doit le prêter contre tous avec l'assentiment de Thierry de Houffalize.

Copie : B. N. Lorr., 719, f° 154.

241. — 1214, février (avant le 12).

Thiébaut avant d'aller à la croisade contre les Albigeois avait partagé ses biens entre ses enfants. Il déclare que son fils Renaud et une de ses filles ayant depuis disparu et qu'étant malade, près de mourir, il partage de nouveau ses domaines et donne à son épouse Ermesinde, le château, la ville et la châtellenie de Marville, Viconville et le fief de Louppy. Tout le reste appartient à Henri.

Orig. : Arch. Chantilly, E. 5. — **Edit.** : Bertholet, *Hist. de Luxembourg*, IV, preuve, p. 44; A. Lesort, *Les chartes du Clermontois*, n° VI, p. 68.

242. — 1214. — 13 février.

Thiébaut donne à l'abbaye de Saint-Mihiel le moulin de Morvaux, deux fours à Saint-Mihiel, le péage salinaria, et soixante sous qu'Henri de Chatel tient de lui. Cette donation est approuvée par son fils Henri.

Orig. : Arch. Meuse H. Saint-Mihiel 2 z [1]. — **Copie** : *ibid., Cart. de Saint-Mihiel*, J² f° 274.

243. — 1214, février.

Ermesinde, comtesse de Luxembourg, approuve le don que son mari le comte de Bar a fait aux Templiers de biens à Pierrevillers et à Briey.

Copie : Arch. Meuse, B. 239, f° 98. — **Edit.** : Cf. plus loin, n° IV.

RÈGNE DE HENRI II (1214-1239).

244. — 1214, mars.

Liébaut de Bauffremont reconnait que Geoffroy de Deuilly est homme lige du comte de Bar pour Deuilly et 25 L. provinesiens fors en la châtellenie de Bourmont.

Copie : B. N. fr. 11853, f° 233. B. N. Lorr. 719, f° 121.

245. — 1214, mars.

Geoffroy de Deuilly reprend de Henri II, comte de Bar, le bourg de Deuilly et le casamentum.

Copie : B. N. fr. 11853, f° 233.

246. — 1214, 30 juillet. — Nancy.

Agnès, duchesse de Lorraine, abandonne à son fils Thiébaut son domaine de Amance, Longwy, Stenay et si quelque chose lui revient dans la succession de son père Thiébaut, comte de Bar ou de ses hoirs il passera de même au duc de Lorraine.

Orig. : B. N. Lorr. 234, f° 18. — **Copie** : A. M. B. 256, f° 239. — **Edit.** : Dom Calmet, II, 425. — **Sign.** : Duvernoy, *Cat. d'actes des ducs de Lorraine*, n° 259.

247. — 1214, 13 novembre. — Briey.

Le duc de Lorraine, Thiébaut, fait un accord avec Henri, comte de Bar au sujet de la succession de Thiébaut Ier. Le duc de Lorraine rend de bonne foi au comte tout ce que celui-ci réclamait y compris les hommages des châteaux à lui échus du chef de sa mère, Agnès de Bar. En retour le comte Henri lui cède Vouécourt, Outrancourt, Morville, Villouxel et Viéville ; sont garants du duc : Thierry d'Enfer son oncle, Milon de Vendières et Adam, châtelain de Stenay. Sont garants du comte : Renaud de Choiseul, Gautier de Commercy, Liébaut de Bauffremont, Garin de Mousson et Pierre de Bourmont. Agnès de Bar scelle cet acte.

Orig. : B.N. Coll. Lorr., 251, n° 15. — **Copie** : B. N. fr. 11853, f° 262, Lorr. 719, f° 206. — **Sign.** : Duvernoy, *Catal. d'actes des ducs de Lorraine*, n° 262.

248. — 1214.

Robert, évêque de Verdun atteste que Simon de Muraut est homme lige de Henri, comte de Bar contre tous, l'évêque et Notre-Dame de Verdun exceptés, pour son château de Muraut dont le comte peut se servir.

Orig. : Arch. Chantilly, E. 5. — **Copie** : B. N. fr. 11853, f° 91 v°. — **Edit.** : Lesort, *Chartes du Clermontois*, n° VII.

249. — 1214, 20 décembre. — Metz.

Thibaut, duc de Lorraine, s'allie à Conrad évêque de Metz et jure de l'aider contre tous, le comte Henri de Bar son oncle excepté.

Copie : A. M. B. 256, f° 288. — **Edit.** : Dom Calmet, II, pr., p. 424 ; Huillard-Breholles, *Hist. diplomatica Frederici II*, t. I, p. 345. — **Sign.** : E. Duvernoy, *Cat. d'actes des ducs de Lorraine*, n° 263.

250. — 1215, février.

Jeoffroy de Deuilly rend hommage à Henri, comte de Bar pour Deuilly.

Orig. : B. N. Lorr. 982, f° 2.

251. — 1215, avril.

Eudes de Cornay rend hommage au comte de Champagne, pour Chatel et Bayonville, sauf la ligeange des comtes de Bar, de Rethel et de Grandpré.

Orig. : A. N. J. 193, n° 8. — **Edit.** : Teulet, *Trésor des Chartes*, I, p. 430, n° 1177; Chantereau Lefebvre, *Traité des fiefs*, p. 58. — **Ind.** : d'Arbois de Jubainville, n° 914, *Cat.*, A. de Barthélemy, *Le comté d'Astenois*, p. 21.

252. — 1215, avril.

Henri, comte de Bar, déclare que Renaud de Dampierre en Astenois et ses successeurs sont ses hommes après l'hommage du comte de Champagne. En échange de ce que Renaud de Dampierre a à Laheycourt et Auzécourt, Henri lui assigne 50 livres de rente payables à Noël sur les marchés de Bar.

Orig. : A. Meurthe-et-Moselle, B. 547, n° 2. — **Copie** : Arch. Meuse, B. 310, f° 31. B. N. Lorr., 719, f° 168 v°. — **Edit.** : A. de Barthelemy, *Le comté d'Astenois*, p. 21.

253. — 1215, 29 juillet. — Aix-la-Chapelle.

Le comte Henri de Bar est témoin du diplôme de l'empereur Frédéric II, confirmant les privilèges d'Aix-la-Chapelle.

Edit. : Lacomblet, *Urkundenbuch für die Geschichte des Niederrheins*, t. II, p. 27.

254. — 1215, juillet.

Thiébaut, duc de Lorraine, fait savoir que Valeran et Ermesinde de Luxembourg se sont accordés avec Henri, comte de Bar, à propos du douaire d'Ermesinde. Henri, cède au comte de Luxembourg, la moitié de Marville et d'Arrancy et leurs dépendances. Ermesinde ne pourra rien réclamer de plus et à sa mort ces biens appartiendront à Élisabeth, sœur d'Henri et si celle-ci meurt sans hoir, le tout reviendra au comte de Bar.

Copie : B. N. fr. 11853, f° 46.

255. — 1215, juillet.

Alexandre de Villers se constitue garant de l'accord conclu entre le comte de Luxembourg et le comte de Bar.

Orig. : B. N. Coll. Lorr., 211, n° 1. — **Sign.** : Würth Paquet, *Table chronologique*, n° 45.

256. — 1215, juillet.

Henri, comte de Bar, fait savoir que l'abbaye de Saint-Mihiel a acheté à Thierry de Puxe différents biens à Mandres.

Copie : Arch. Meuse, H. *Cart. de Saint-Mihiel*, J², f° 28.

257. — 1215, 14 septembre.

Robert, évêque de Verdun, déclare que la prébende que le comte Henri de Bar réclamait pour les lépreux de Verdun et qui était contestée par le chapitre sera payée sur les revenus de l'évêché.

Edit. : Clouet, *Hist. de Verdun*, II, 364, n° 1.

258. — 1215.

Henri de Fontaine tient de Henri de Bar le château et le bourg de Morey.

Copie : B. N. fr. 11853, f° 250.

259. — 1216, mars.

Henri, comte de Bar, certifie que Pierre de Bourmont a donné à l'abbaye de Saint-Mihiel les dîmes de Levoncourt.

Orig. : Arch. Meuse, H. Saint-Mihiel, 4 k ⁴.

260. — 1216, août.

Gaucher de Châtillon, comte de Saint-Pol et son fils Hugues, constituent Blanche, comtesse de Champagne, caution de l'engagement qu'ils ont pris de ne pas réclamer du comte de Bar-le-Duc plus de 500 livres de terres pour le mariage de la sœur du comte avec Hugues.

Copie : B. N., lat. 5993, f° 51 v°, lat. 5992, f° 227 v°. — **Edit.** : Duchesne, *Hist. de la maison de Châtillon*, pr., p. 52 ; Chantereau-Lefebvre, *Traité des fiefs*, II, 86 ; Martene, *Anecd.*, I, 853. — **Sign.** : d'Arbois de Jubainville, *Cat.*, n° 1017.

261. — 1216, octobre. — Paris.

Philippe-Auguste invite ses cousins, le duc de Lorraine et le comte de Bar à faire observer la paix que Erard de Brienne avait accordée à la comtesse de Champagne.

Copie : B. N., fr. 4846, f° 171, lat. 5993, f° 105 v°, 5992, f° 5, 123 et 124, A. N. K. K., 1064, f° 19, 379. — **Edit.** : Chantereau-Lefebvre, *Traité des fiefs*, II, 87. — **Sign.** : L. Delisle, *Cat. des actes de Philippe-Auguste*, n° 1689 ; d'Arbois de Jubainville, *Cat.*, n° 1022 ; Duvernoy, *Cat. d'actes des ducs de Lorraine*, n° 275.

262. — 1216, octobre.

Arnoul de Rodemack déclare être le vassal du comte de Bar pour ce que celui-ci lui a cédé à Trinquenal.

Copie : B. N., fr. 11853, f° 202.

263. — 1216.

Gaucher de Nanteuil déclare être homme lige du comte de Bar pour les terres qu'il a reçues à Laimont, Herpremont, Fontenoy, Brabant et Villers après l'hommage qu'il doit au comte de Champagne et au comte de Saint-Pol.

Orig. : A. Meurthe-et-Moselle, B. 547, f° 12. — **Copie** : B. N., fr. 11853, f° 91 v°.

264. — 1216.

Guillaume évêque de Châlons fait savoir que le comte de Bar a autorisé l'abbaye de Chatrices à faire un pont « super aquam Eguye » (Aisne).

Copie : B. N , fr. 11853, f° 172, r°.

265. — 1217, janvier.

Le comte de Bar fait savoir qu'Arnoul de Loupmont a reçu de Dreux, abbé de Saint-Mihiel, un accroissement de fiefs à Loupmont en hommes, femmes, prés, bois et terres.

Orig. : Arch. Meuse, H. Saint-Mihiel, 2, S⁷. — **Copie** : *Ibid.*, *Cart. de Saint-Mihiel*, I², f° 27.

266. — 1217, mai.

Jeoffroy de Deuilly rend hommage au comte de Bar pour Deuilly et 40 s. de terres à prendre chaque année sur les assises de la Marne.

Copie : B. N., fr. 11853, f° 223.

267. — 1217, juin.

Henri comte de Bar fait savoir que Cécile, fille de Renier de

Paroy a donné à l'église de Bourg Sainte-Marie son alleu de « Votum » et 40 L. provinesiens fors. Son frère Arnoul a donné pour ces 40 L. son pré de « Libaire ».

Edit. : A. Duchesne, *Hist. de la maison de Bar*, pr., p. 23. — **Sign.** : A. Rozerot, *Rép. Hist. de la Haute-Marne*, n° 853.

268. — 1217.

Henri, comte de Bar donne à l'ordre de Saint-Antoine en Viennois (Antonistes) la maison que sa grand'mère Agnès a fait bâtir au Pont de Mousson et le droit d'usage dans le bois d'Atton.

Orig. : Arch. Meurthe-et-Moselle, H. 1658, f° 1.

269. — 1218, 6 avril.

Hugues, comte de Rethel prête hommage à la comtesse de Champagne, promet de la soutenir elle et son fils contre les filles du comte Henri et Erard de Brienne et donne comme garant de sa fidélité le comte de Bar.

Copie. B. N lat. 5993 f° 68 v° 5992 f° 168 v°. — **Sign.** : d'Arbois de Jubainville, *Cat.*, n° 1115. — **Edit.** : Jolibois, *Hist. de Rethel*, pr. p. 207.

270. — 1218.

Conrad de Riste rend hommage au comte de Bar pour Chaumont la Ville et lui donne deux cents livres messins pour le dédommager de la guerre que le comte avait dû faire contre lui.

Anal. : Inv. Dufourny, t. 2, f° 277.

271. — 1218, avril.

Henri, comte de Bar, donne en fief à Simon de Joinville ce que l'abbaye de Saint-Mihiel possède à Bure et à Ribaucourt.

Copie : Arch. Meuse, H. *Cart. de Saint-Mihiel*, J², f° 39.

272. — 1218, mai.

Henri, comte de Bar, donne en fief et hommage à son cher Gauthier de Behonne plusieurs mesures de blé à Roncourt. Ledit Gauthier sera son homme après la comtesse de Champagne et Guillaume de Dampierre.

Copie : B. N., Lorr. 719, f° 18.

273. — 1218, 1er juin. — Amance.

Le duc Thiébaut de Lorraine fait la paix avec la comtesse de Champagne et en garantie de sa fidélité lui donne en caution les fiefs que le comte de Bar et le seigneur de la Fauche tenaient de lui.

Copie : B. N., lat. 5992, f° 267. lat. 5993, f° 174, coll. Lorr., 53, f° 23. Cinq cents Colbert, 437, f° 9, A. N. J. 681, f° 1. — **Edit**. : Duchesne, *Hist. des ducs de Bourgogne*, t. II, p. 68. Dom Calmet, IIe édit. III pr. p. 126. Huillard Breholles, *Hist. diplom. Frederici* II, t. I, p. 547 ; Teulet, *Trésor des chartes*, t. I, p. 464. — **Anal**. : d'Arbois de Jubainville, *Cat.*, t. V, n° 1117, Duvernoy, *Cat. d'actes des ducs de Lorr.*, n° 288.

274. — 1218, 1er juin, Amance.

L'empereur Frédéric sanctionne le précédent traité.

Copie : B. N., mss. latin 5993, f° 174, A. N. J 681, n° 3. — **Edit**. : Huillard-Breholles, *op. cit.*, p. 545. — **Anal**. : Teulet, *Trésor des chartes*, p. 465 ; d'Arbois de Jubainville, *Catalogue*, n° 1118 ; Duvernoy, *cat. d'actes*, n° 289.

275. — 1218, 1er juin, — Amance.

Eudes, duc de Bourgogne sanctionne cette paix.

Copie : B. N., lat. 5993, f° 175, A. N. J. 681, n° 6. — **Edit**. : Teulet, *Trésor des chartes*, p. 465. — **Analys**. : d'Arbois de Jubainville, *Cat. d'actes*, n° 1119.

276. — 1218, 1er juin. — Amance.

Conrad, évêque de Metz et de Spire sanctionne cette paix.

Copie : B. N. lat. 5993, f° 174. — **Anal**. : d'Arbois de Jubainville, *Cat.*, n° 1120, *Gallia Christiana*, XIII, p. 756 ; Duvernoy, *Cat. d'actes des ducs de Lorr.*, n° 290.

277. — 1218, août.

Le comte de Bar se porte caution pour 1.000 livres pour Gautier d'Avesnes et sa femme Marguerite de Bourgogne envers Blanche de Champagne.

Copie : B. N., lat. 5993, f° 107. — **Edit**. : Chantereau Lefebvre, *Traité des fiefs*, II, 101. — **Sign**. : d'Arbois de Jubainville, *cat.*, n° 1157.

278. — 1218, novembre.

Jacques de Cons vend à l'évêque de Verdun ses droits à Hattonchâtel et Sampigny. Henri comte de Bar vassal de l'évêché est garant de ses engagements.

Edit. : Clouet, *Hist. de Verdun*, II, 366.

279. — 1218, 6 novembre.

Robert comte de Dreux promet de marier sa fille Philippe à Henri comte de Bar et lui assigne en douaire la terre de Torcy.

Copie : B. N. fr. 11853, f° 16.

280. — 1218.

Robert de Dreux promet de payer au comte de Bar la valeur de la terre de Torcy.

Copie : B. N. Lorr. 719, f° 158.

281. — 1218, novembre.

Etienne de Sancerre fait savoir que le duc de Bretagne et Robert de Braine l'ont donné comme pleige de leur convention avec le comte de Bar.

Copie : B. N. Lorr. 719, f° 157.

282. — 1218, novembre.

Etienne de Sancerre fait savoir que si Robert de Braine manquait de donner à Henri de Bar la valeur de la terre de Torcy, il tiendra de son gage au comte de Bar, cette valeur.

Copie : B. N. Lorr. 719, f° 160.

283. — 1218, novembre.

Etienne de Sancerre fait savoir qu'il est pleige de Robert de Dreux pour les conventions relatives au mariage du comte de Bar.

Copie : B. N. Lorr. 719, f° 158.

284. — 1218, mardi après la Toussaint.

Pierre, comte de Bretagne promet au comte de Bar que lui et

son frère Jean paieront une rente annuelle de deux cents livres provinesiens tant que leurs parents vivront.

Copie : B. N. Lorr. 719, f° 159.

285. — 1218.

Pierre, comte de Bretagne, comte de Richemont promet que son frère Robert de Braine paiera à Henri, comte de Bar la rente de la terre de Torcy, tant que leur père Robert de Dreux vivra. Après la mort de celui-ci, Robert de Braine remettra la terre de Torcy entre les mains du comte de Bar. Il donne comme caution Gaucher de Châtillon, comte de Saint-Pol et Etienne de Sancerre.

Orig. : B. N. coll. Lorr. 199, n° 2. — **Copie** : B. N. Lorr. 719, f° 159.

286. — 1218.

Etienne de Sancerre confirme l'acte précédent.

Orig. : B. N. Coll. Lorr. 213, n° 21.

287. — 1218.

Henri, comte de Grandpré, se déclare pleige du mariage de Henri de Bar avec Philippe de Dreux.

Sign. : A. de Barthelemy, *Les Comtes de Grandpré*, p. 22.

288. — 1218.

Le comte de Bar donne à l'abbaye de Saint-Benoit un pré à Hadonville au lieu dit sous Pierremont.

Orig. : disparu. Autrefois Arch. Meuse, H. Saint-Benoit, D[13]. — **Sign.** : Arch. Meuse, Inventaire de la série H mss.

289. — 1219, mars.

Jean d'Arcis au moment de partir pour la croisade, rend hommage au comte de Bar après le comte de Champagne, Guillaume de Dampierre, le sire de Chateau-Pareid et le roi de France et déclare que s'il meurt à Jérusalem son fief doit retourner à ses héritiers.

Orig. : A. Meurthe-et-Moselle, B. 537, f° 2. — **Copie** : B. N. fr. 11853, f° 92 v°.

290. — 1219, mars.

Guillaume de Dampierre permet que son parent Jean d'Arcis

qui tenait de lui une terre à Loisey près Vitry tienne cette terre perpétuellement du comte de Bar.

Copie : B. N. fr. 11853, f° 93, v°.

291. — 1219, mars.

Henri, comte de Bar, donne à Guichard de Bochon, 32 septiers de blé à Rancourt pour qu'il soit son homme lige.

Orig. : A. Meurthe-et-Moselle, B. 547, n° 13.

292. — 1219, avril.

Le comte de Vaudémont rend hommage au comte de Champagne sauf la ligeange du comte de Bar.

Copie : B. N. latin 5993, f° 871. — **Edit**. : Chantereau-Lefebvre, *Traité des fiefs*, 105. — **Sign**. : d'Arbois de Jubainville, *Catalogue*, n° 1192 ; Comte de Pange, *Ferri de Bitche*, p. 79.

293. — 1219, 1er mai.

Henri, comte de Bar, fait savoir que Geoffroy de Louppy a donné à l'abbaye de Lisle-en Barrois, en aumône, les grosses dîmes de Louppy-le-Grand.

Copie : Arch. Meuse, H. Cart. de Lisle-en-Barrois.

294. — 1219, mai.

Henri comte de Bar, fait savoir que le comte de Chiny son homme en a appelé au duc de Lorraine pour rétablir la paix entre lui et Guillaume et Richard de Chauvency. Le comte de Vaudémont et le seigneur de Choiseul sont pleiges du comte de Chiny (*français*).

Copie : Arch. Meuse, B. 256, f° 299 et sq. — **Edit**. : Firmin-Comte, *M. Société Lettres Bar-le-Duc*, 1900, p. 354. — **Sign**. : Duvernoy, *Catalogue d'actes des ducs de Lorraine*, n° 314.

295. — 1219, mai.

Guy de Plancy, seigneur de Gondrecourt, fait savoir qu'il a promis à Henri, comte de Bar que s'il aliénait ce qu'il avait à Gondrecourt entre les mains de la comtesse de Champagne ou de tout vassal de cette comtesse, il rendrait au comte de Bar les mille livres provinesiens que celui-ci lui avait assignées.

Copie : B. N. Lorr., 719, f° 191 v°.

296. — 1219, juin.

Guy d'Arcis, avant de partir à la croisade, rend hommage au comte de Bar et se déclare son homme lige après le comte de Champagne et le sire de Montréal.

Copie : B. N. fr. 11853, f° 92 v°. — Arch. Meurthe-et-Moselle, B. 57, n° 2.

297. — 1219, juin.

Guy d'Arcis déclare avoir reçu pour son hommage au comte de Bar, une rente annuelle de 30 livres provinesiens fors payables à Pâques.

Copie : B. N. fr. 11853, f° 92 v°.

298. — 1219, 2 novembre.

Henri, comte de Bar, reconnaît que Thiébaut duc de Lorraine l'a entièrement indemnisé au sujet du cautionnement de 1000 livres provinesiens dont Henri s'était porté garant vis-à-vis de Belesgreens, bourgeois de Metz.

Orig. : B. N. Coll. Lorr., 348, f° 4. — **Sign.** : de Morière, *Actes de Mathieu II, Introduction*, p. 6 ; Duvernoy, *Cat. d'actes des ducs de Lorr.* n° 322.

299. — 1219.

Félicie de Beauzée, avec l'assentiment du comte de Bar, donne à l'abbaye de Lisle-en-Barrois un muid de blé à Seraucourt.

Copie : Arch. Meuse ; H. *Cart. de Lisle*.

300. — 1219.

Henri, comte de Bar, donne à l'abbaye d'Évaux une rente annuelle de 10 livres sur les marchés de Ligny.

Copie : Arch. Meuse ; H. Évaux, E. n° 5.

301. — 1219.

G., dame de Reynel et son fils Gauthier, consentent à ce que G. de Plancy, seigneur de Gondrecourt, reprenne du comte de Bar moyennant 1000 livres provinesiens la terre qu'il tenait du seigneur de Reynel. Si G. de Plancy échangeait la terre de Gondrecourt avec Blanche de Champagne ou son fils, le comte de Bar reprendrait du seigneur de Reynel la terre que G. de Plancy tient jusqu'à remboursement des 1000 livres.

Copie : Arch. Meurthe-et-Moselle, B. 364, f° 314 v°. B. N. Lorr. 719, f° 167. — **Edit.** : *Notice sur Gondrecourt*, par Lepage et Depautaine dans *Mém. Soc. arch. Lorr.*, XII, 1870, p. 202. — Cf. n° 295.

302. — 1219.

Robert, abbé de Saint-Paul de Verdun, accompagne Henri de Bar dans les revenus de Courouvre et du moulin de Courcelles.

Copie : B. N. fr. 11853, f° 101.

303. — 1219, février.

Henri ratifie le don de l'abbaye à Mureau d'une grange qui deviendra l'Hôtel-Dieu.

Sign. : *Gallia Christiana*, *XIII*, p. 1158.

304. — 1220, janvier.

Yolande, comtesse de Dreux, fait savoir qu'elle doit à son beau-fils, le comte de Bar, 80 livres provinesiens qu'elle doit payer à la Saint-Remy.

Copie : B. N. Lorr., 719, f° 157 v°.

305. — 1220, février.

Pierre de Bourlemont fait savoir qu'il doit aider le comte de Bar de son château contre tous, le comte de Champagne excepté.

Copie : B. N. fr. 11853, f° 249. — Lorr. 718, f° 50.

306. — 1220, mars.

Henri, comte de Bar, fait savoir que Geoffroy de Bar a donné, en sa présence et de son consentement, son fief de Doncourt-aux-Bois aux chevaliers du temple.

Orig. : Arch. Meuse, H. Commanderie de Marbotte non coté.

307. — 1220, mars.

Henri, comte de Bar, cède partie par vente, partie par aumône à l'église Notre-Dame de Troyes, ce qu'il a à Sinecon proche Troyes.

Copie : B. N. lat 11926, f° 304.

308. — 1220, juin.

Henri, comte de Bar-le-Duc, déclare qu'il a convenu avec Blanche comtesse de Champagne et son fils qu'ils ne se retiendront pas réciproquement leurs hommes ni leurs juifs.

Copie : A. N. J. 911, f° 5. — B. N. Lorr., 53, f° 5; Dupuy, 209, f° 16, latin 5993, f° 108. — **Edit.** : Chantereau-Lefebvre, *Traité des fiefs*, II, 118. — **Sign.** : d'Arbois de Jubainville, *Catalogue*, n° 1277; H. Delaborde, *Supp.*, n° 257.

309. — 1220. Juin.

Blanche, comtesse de Champagne et son fils s'engagent à ne pas grever les fiefs champenois du comte de Bar et à pas être contre lui pour qui que ce soit.

Copie : B. N. fr. 11853, f° 20.

310. — 1220. Juin.

Henri, comte de Bar, fait savoir que l'abbaye de Saint-Mihiel lui a vendu ce qu'elle possédait à Warbuecuriam (Vaubecourt) pour une rente de 15 muids de blé.

Orig. : Arch. Meuse, H. Saint-Mihiel, 4. H. — **Copie** : *Ibid. Cart. de Saint-Mihiel*, J [2], f° 280.

311. — 1220. Juillet.

Hugues, comte de Vaudémont fait savoir que Eudes de Bras, son homme donne au comte de Bar ce qu'il avait à Wangeria, Baulny et Avocourt. Le comte lui donne en échange des hommes à Dun et à Baulny.

Orig. : A. Nord, B. 789, f° 1. — **Copie.** : B. N. Lorr. 719, f° 40 v.

312. — 1220, août.

Henri de Kirele fait savoir que de son contentement Louis, comte de Saarwerden, son fils, a vendu un alleu à Henri comte de Bar.

Copie : B. N., fr. 11853, f° 79, v°.

313. — 1220. 1er septembre, Vitry.

Mathieu, duc de Lorraine, déclare qu'à sa demande Blanche de

Champagne et son fils Thibaut ont promis à Henri, comte de Bar, de prendre le parti dudit Henri contre Mathieu si celui ci n'observait pas le traité conclu à Vitry entre lui et le comte de Bar.

Copie : B. N. mss., fr. 4846, f° 189. — **Edit.** : Martène, *Anecdota*, I, 882. — **Sign.** : De Morière, *Catal. des actes de Mathieu II*, n° 9 ; D'Arbois de Jubainville, *Cat.*, n° 1292.

314. — 1220, 1er septembre.

Mathieu, duc de Lorraine, déclare que Blanche de Champagne et Thibaut se sont obligés à donner en gage à Henri, comte de Bar, 3000 l. messins si ledit Mathieu n'avait pas avant Noël fourni les otages promis par le traité de Vitry.

Copie : B. N., fr. 4846, f° 188. — **Edit.** : Martène, *Anecdota*, I, 881. — **Sign.** : De Morière, *op. cit.*, n° 10 ; d'Arbois de Jubainville, *op. cit.*, n° 1293.

315. — 1220, septembre.

Mauvoisin de Sorcy vend au comte de Bar le fief qu'il tient de lui consistant au ban, justice et maison forte de Arcis.

Copie : B. N., fr. 11853, f° 93, v°.

316. — 1220, 1er octobre, Vitry.

Le sire de Reulant déclare avoir abandonné à Mathieu, duc de Lorraine en présence de Blanche de Champagne et du comte de Bar le fief qu'il tenait du duc Thiébaut Ier.

Copie : Arch. Meuse, B. 256, f° 33. — **Edit.** : de Morière, *op. cit.*, p. 252.

317. — 1220, décembre.

Henri, comte de Bar, déclare qu'il n'exigera rien d'Agnès, mère de Gilbert de Chaumont, sergent de Blanche de Champagne, pour Saint-Thiébaut au delà de ce que lui permettent les coutumes de Saint-Thiébaut. En cas de contravention la comtesse de Champagne peut retenir ses fiefs.

Copie : B. N., fr. 4847, f° 274. **Edit.** : Chantereau-Lefebvre, *Traité des fiefs*, II, 122. — **Sign.** ; d'Arbois de Jubainville, *Cat.*, n° 1304 ; A. Rozerot, *Rep. Hist. de la Haute-Marne*, n° 901.

318. — 1220, décembre.

Simon, sire de Joinville, prête hommage au comte de Bar.

Copie : B. N. Coll. Lorr. 718, f° 37.

319. — 1220, décembre.

Henri, comte de Bar, déclare avoir emprunté à l'abbaye de Saint-Mihiel, 600 L. messins pour laquelle somme il a donné en gage ses moulins de Bar, les péages de Bar et de Saint-Mihiel que l'abbaye pourra garder si la somme ne lui est pas restituée.

Orig. : Arch. Meuse H. Saint-Mihiel A[1].

320. — 1220.

Henri, comte de Bar, emprunte 600 L. messins à l'abbaye de Gorze et lui donne en gage les dîmes de Tyrey.

Disparu. **Sign.** : Catalogue de la coll. Marchand, n° 92 a.

321. — 1220.

Pierre de Bourmont est pleige de l'acte précédent.

Disparu. **Sign.** : Catalogue de la Coll. Marchand, n° 92 a.

322. — 1220.

Henri, comte de Bar, fait savoir que Étienne de Sormery et son épouse Theolina, Milon son fils et son épouse Agnès, se sont arrangés en sa présence pour le partage de leurs biens et de l'héritage de Sybille, mère de Theolina.

Copie : B. N. Lorr. 719, f° 142.

323. — 1220.

Henri, comte de Bar, accorde entre eux Anseau de Dampierre-en-Astenois et l'abbaye de Montiers qui était en désaccord à propos des biens de l'abbaye.

Orig. : Arch. Marne, H. Montiers-en-Argonne, liasse 2. — **Anal.** : L. J. Brouillon, *Les comtes de Dampierre en Astenois*, p. 28.

324. — 1220.

Garin, abbé de Saint-Evre cède au comte de Bar la moitié de Liffol. Le prieur de Châtenois aura en échange le quart du produit du moulin et du four, les dîmes, droits d'église et vaine pâture.

Copie : B. N. fr. 11853, f° 226.

325. — 1220.

Pierre de Jussey reprend du comte de Bar 30 livres de terre, il doit l'aider de son château de Chatel sur Blaise excepté contre l'évêque et la ville de Metz.

Copie : B. N. fr. 11853, f° 254; B. N. L. 718, f° 47, v°.

326. — 1220.

Henri comte de Bar donne en alleu à l'abbaye de Saint-Vincent de Metz le bois Spinois près de Norroy.

Orig. : A. Moselle, H. 2258, f° 1.

327. — 1221, janvier.

Robert de Neuvillers fait hommage de son château au comte de Bar contre tous hommes excepté l'évêque de Metz.

Copie : B. N. fr., 11853, f° 91, v°.

328. — 1221, janvier.

Gautier de Preny est homme lige du comte de Bar pour une partie de Nancy après la comtesse de Dagsbourg et le duc de Lorraine.

Copie : B. N. fr. 11853, f° 192. v°.

329. — 1221, mars.

Simon de Muraut prête hommage au comte Waléran de Luxembourg après l'évêque de Verdun et le sire d'Apremont. Il doit l'aider de son château de Muraut contre tous excepté l'évêque de Verdun et le comte de Bar.

Edit. : Bertholet, *Hist. du Luxembourg*, t. VI, pr., p. I. — **Sign**. : Jeantin, *Chronique d'Ardenne*, II, p. 194.

330. — 1221, mars.

Hugues de Marlières se reconnait homme lige du comte de Bar son parent après le comte de Chiny, son neveu. Il reprend de Bar dix livres de terre et ajoutera cent soudées après la mort de son beau-père Renaud de Donchery.

Copie : B. N. fr. 11853, f° 141, v°; L. 718, f° 97, v°.

331. — 1221, avril.

Henri, comte de Bar donne au prieuré de Haréville onze deniers payables moitié à Noël, moitié, à Saint-Jean Baptiste sur les moulins, four et charriage de Haréville.

Copie : Arch. Meuse, H. Saint-Mihiel, 5 P [a], Chartrier de Haréville.

332. — 1221, 23 juin.

L'abbé de Neuvillers met son abbaye en la garde et protection du comte de Bar et s'engage à lui donner 20 sous provinesiens de rente annuelle.

Copie : B. N. fr. 11853, f° 197.

333. — 1221, 28 juin.

Josserand le Gros, seigneur de Brancion rend hommage au comte de Bar pour les Fins.

Copie : B. N. L. 719, f° 135.

334. — 1221, juin.

Le comte de Bourgogne fait savoir qu'Etienne de Chaussin est homme lige du comte de Bar pour le château de Vaulgrenant.

Orig. : B. N. coll. Lorr. 184, f° 1. — **Copie** : B. N. fr. 4881, f° 2225, fr. 11853, f° 247; B. N. L. 719, f° 137.

335. — 1221, juillet.

Etienne de Chaussin déclare qu'il reprend de Henri comte de Bar 15 l. de terre et que son chateau de Vaulgrenant est rendable à Bar excepté contre le comte de Bourgogne, le sire de Chaussin et Josserand le Gros.

Copie : B. N. fr. 11853, f° 247, Lorr. 719, f° 131, v°.

336. — 1221, août.

Gérard de Maizey vend au comte de Bar ce qu'il a à Ranzières, Ambly et la moitié des eaux de Maisey. Il fera son possible pour que Pierre de Lignières et Garnier de Rembercourt rendent hommage au comte, mais il faut pour cela le consentement d'Henri de Salm.

Copie : B. N. fr. 11853, f° 120, B. N. L. 719, f° 34.

337. — 1221, octobre.

Henri, comte de Bar fait savoir que Hugues d'Amel et Baudoin de Belrain ont vendu à l'abbaye de Saint-Mihiel les dîmes de Salmagne et de Levoncourt.

Copie : Arch. Meuse, H. Saint-Mihiel, Cart. J², f° 283. — **Edit.** : Dom de Lisle, *Hist. de l'abbaye de Saint-Mihiel*, pr. 128.

338. — 1221, 3 décembre. Péan.

Henri, comte de Bar s'engage à tenir indemne de tout dommage le comte Thibaut de Champagne qui s'était porté caution d'une somme de 560 l. due par Henri à des marchands de Sienne.

Copie : B. N. fr. 4847, f° 277. — **Sign.** : d'Arbois de Jubainville, *Catalogue* n° 1349.

339. — 1221, 3 décembre. Péan.

Henri, comte de Bar témoigne que Hugue de Brécy a reconnu en sa présence que, s'il ne tenait pas ses conventions avec les acheteurs de sa forêt de Allamont, la comtesse de Champagne pourrait se saisir de ses fiefs.

Edit. : Chantereau-Lefebvre, *Traité des fiefs*, I, n° 127.

340. — 1221, décembre.

Simon de Joinville se reconnait homme lige du comte de Bar après le comte de Champagne et doit l'aider contre tous. Pour cela il a reçu du comte de Bar Biencourt, Ribeaucourt, Bure, Germay, Juvigny et Bioncourt.

Orig. : Arch. Meurthe-et-Moselle, Ancerville, n° 1. — **Copie** : B. N. fr. 11853, f° 42, v°. Coll. Lorr., 718, f° 37. — **Edit.** : Simonnet, *Essai sur les sires de Joinville*, p. III. — **Sign.** : Delaborde. *Jean de Joinville et les sires de Joinville*, p. 292, n° 221 ; A. Rozerot. *Rép. hist. de la Haute-Marne*, n° 915.

341. — 1221, décembre.

Simon de Joinville rend hommage au comte de Bar sauf l'avouerie qu'il tient du duc de Lorraine au nom de son fils Geoffroy.

Copie : B. N. Lorr. 718, f° 37. — **Anal.** : Delaborde, *Jean de Joinville et les sires de Joinville*, n° 222.

342. — 1221.

Henri II reçoit en sa garde et s'engage à faire vivre sous la loi et liberté de Varennes, Waly et Autrecourt.

Copie : Bibl. Bar-le-Duc, fonds Servais, 1221.

343. — 1222, 24 janvier.

Henri, comte de Bar confirme de nouveau les conventions d'Hugues de Brecy pour Allamont.

Copie : B. N. latin 5993, f° 108. — **Edit.** : Chantereau-Lefebvre, *Traité des fiefs*, 130. — **Sign.** : d'Arbois de Jubainville, *Catalogue* n° 1361. Cf. plus haut, n° 339.

344. — 1222, février.

Conrad de Riste rend hommage au comte de Bar pour le fief de Port (St-Nicolas du Port) et tout ce que Guichard d'Escreignes (Frolois) tient de lui contre tous hommes.

Copie : B. N. fr. 11853, f° 93 v°.

345. — 1222, février.

Hugue de Lunéville reconnaît l'hommage précédent rendu par son frère Conrad de Riste.

Copie : B. N. fr. 11853, f° 194.

346. — 1222. mai.

Henri, comte de Bar décharge Henri, comte de Salm, de tout hommage s'il venait à mourir sans hoir.

Sign. : B. N. Coll. Lorr. 659, f° 281.

347. — 1222. mai.

Henri, fils ainé du comte de Salm, rend hommage à Henri comte de Bar pour la Neuville-devant-Viviers, Donjeux et Henaucourt douaire de son épouse Marguerite. Au cas où il mourrait sans héritier, son fils ou son frère Ferry doivent le même hommage et s'ils ne le rendent les dites villes reviendront au comte de Bar.

Orig. : Arch. Meurthe-et-Moselle, B. 964, f° 1. — **Copie** : Vidimus parchemin, Arch. Meuse, B. 3109, n° 13 ; B. N. Coll. Lorr. 718, f° 170 ; B. N. fr. 11853, f° 133 v°.

348. — 1222, 7 juillet.

Agnès de Bar, duchesse de Lorraine, déclare tenir le château de Stenay en fief du comte de Luxembourg de la même manière que feu Thiébaut, comte de Bar, son père, le tenait du comte de Namur.

Edit. : A. Lesort, *Les Chartes du Clermontois*, n° VIII, p. 69; Bertholet, *Histoire du Luxembourg*, IV, pr., p. 52; Leibnitz, *Codex juris gentium*, II, p. 195 (date fausse 1220). — **Sign.** : De Morière, *Actes de Mathieu II*, n° 23; Würth Paquet, *Table chronologique*, n° 77.

349. — 1222, octobre.

Otton de Meranie, comte de Bourgogne rend à Henri, comte de Bar, le fief que son père Thiébaut tenait de lui et promet de le garantir contre tous.

Copie : B. N. fr. 11853, f° 255; Coll. Lorr. 185, f° 2; Coll. Lorr. 199, f° 4; Lorr. 719, f° 134 v°.

350. — 1222, 27 décembre. Epernay.

Henri, comte de Bar déclare que le comte de Champagne lui a permis d'emprunter avec sa caution cent vingt marcs d'argent et promet de rembourser cet emprunt.

Copie : B. N. lat. 5992, f° 156 v°. — **Edit.** : Chantereau-Lefebvre, *Traité des fiefs*, II, 137. — **Sign.** : D'Arbois de Jubainville, *Catalogue* n° 1459.

351. — 1223, 2 avril.

Henri, comte de Bar constate que Ponce de Choiseul et sa femme Laurence ont scellé de leur nouveau sceau la convention faite sous leur ancien sceau entre le comte de Champagne et Ponce du Mont Saint-Jean dans la succession de Milon de Bar-sur-Seine leur oncle.

Copie : B. N. VC Colbert 57, f° 101, Coll. Champagne 136, f° 177. — **Edit.** : Duchesne, *Histoire de la maison de Vergy*, p.., p. 174. — **Sign.** : D'Arbois de Jubainville. *Catalogue* n° 1485.

352. — 1223, juin.

Le comte de Bar fait savoir qu'avec son consentement Dreux de Manonville et sa femme Lucie ont vendu une partie de Manonville au chapitre Saint-Gengoult de Toul.

Copie du XVIe. B. N. latin 10020, f° 5 v°.

353. — 1223, juillet.

Thibaut comte de Champagne déclare que Geoffroy de Louppy devient son homme lige pour Cuperly après le comte de Bar-le-Duc et le comte de Grandpré.

Copie : B. N. latin 5992, f° 303, A. N. KK 1064, f° 317. — **Edit.** : Chantereau-Lefebvre, *Traité des fiefs*, 143. — **Sign.** : D'Arbois de Jubainville, *Catalogue* n° 1552.

354. — 1223, août.

Henri, comte de Bar confirme les donations faites par Nicolas de Vilosnes à l'abbaye de la Chalade des dîmes de la Neuve Grange tenues de lui en fief, donation contestée par Colard, fils du donateur.

Orig. : A. Chantilly, E. 6. — **Edit.** : A. Lesort, *Les Chartes du Clermontois*, p. 70, n° IX.

355. — 1223.

Enguerrand de Coucy conseille à Thibaut, comte de Champagne de faire des efforts pour ramener Guillaume de Dampierre à son obéissance. Enguerrand et Henri, comte de Bar-le-Duc se sont entretenus de cette affaire avec le roi de France à Soissons et Thibaut devrait en parler au comte de Bar.

Copie : B. N. lat. 5992, f° 557 v°. Coll. Champagne 136, f° 181. — **Sign.** : D'Arbois de Jubainville, *Catalogue* n° 1576.

356. — 1223.

Henri comte de Bar déclare qu'il a donné, du consentement de Garnier et de son épouse, à l'abbaye Saint Arnoul de Metz, ce que le dit Garnier possédait dans la curie de Lay.

Edit. : Dom Calmet, II, pr., p. 433.

357. — 1224, 17 mars.

Henri, comte de Bar déclare qu'en sa présence Laurence, femme de Ponce de Choiseul, a reconnu la vente faite par Ponce du Mont Saint Jean au comte de Champagne de la part que Laurence avait dans la succession de son oncle Milon, comte de Bar-sur-Seine.

Copie : Lorr. 53, f° 28 du XVIe siècle, A. N. J. 911, n° 6; B. N. fr. 4847, f° 278. — **Anal.** : Delaborde, *supp.*, n° 285.

358. — 1224, mai.

Henri, comte de Bar se rend pleige de Guy et Henri de Chatillon, fils de Gaucher comte de Saint Pol envers le comte de Champagne pour 200 marcs d'argent.

Copie : A. N. J. 202, n° 7. — **Edit.** : Chantereau-Lefebvre, *Traité des fiefs*, II. 157. — **Sign.** : D'Arbois de Jubainville, *Catalogue* n° 1624.

359. — 1224, mai.

Henri, comte de Bar garantit le comte de Champagne qui s'est porté caution vis-à-vis de l'évêque de Châlons de 200 marcs d'argent que doit le comte de Bar.

Copie : B. N. Cinq cents Colbert, f° 104. — **Edit.** : Chantereau-Lefebvre, *Traité des fiefs*, II, 157. — **Sign.** : D'Arbois de Jubainville, *Catalogue* n° 1629.

360. — 1224, Juin.

Gaucher de Chatillon, comte de Saint-Pol, reconnaît que son fils Hugues s'est constitué pleige du comte de Bar envers le comte de Champagne.

Edit. : A. Duchesne, *Histoire de la maison de Bar*, pr., p. 18.

361. — 1224. Juin.

Geoffroy de Bar prête hommage au comte de Champagne pour la Tour en Woëvre contre tous excepté le comte de Bar et le comte de Lancemont. Il a reçu 15 livres sur les foires de Champagne.

Orig. : A. N. J. 193, n° 4. — **Copie** : B. N. fr. 4847, f° 279, Coll. Lorr. 53, f° 30. — **Edit.** : Teulet, *Trésor des Chartes*, II, n° 1653; Chantereau-Lefebvre, *Traité des fiefs*, II, 161. — **Ind.** : D'Arbois de Jubainville, *Catalogue* n° 1634.

362. — 1224, 18 août.

Les chanoines de la collégiale Sainte-Madeleine de Verdun cèdent à Henri comte de Bar la propriété de la ville d'Etain se réservant le patronage des églises, les dîmes, les terrages, champarts et le droit d'usage dans les bois. Le comte de Bar ne peut mettre la ville d'Étain hors ses mains.

Orig. : Arch. Meuse, coll. Buvignier. Registre Étain, n° 71. — **Copie** : Arch. Meuse, G. Madeleine, 1. A. N. J., 998 b, n° 9. — **Edit.** : Petit, *Hist. de la ville d'Étain*, p. 9.

363. — 1224, 12 septembre.

Traité de paix par l'intermédiaire du roi de Jérusalem, de Guillaume archevêque de Reims et de l'évêque de Langres, entre Jean d'Apremont évêque de Metz d'une part et le comte de Bar et le comte de Champagne d'autre part. Gobert d'Apremont, frère de Jean doit prêter hommage au comte de Bar.

Anal. : Inventaire de Du Fourny, *Conflans en Jarnisy*, n° 151; Delaborde, *Joinville*, n° 239.

364. — 1224, décembre.

Renaud de Choiseul reprend du comte de Bar le fief de Colombey-les-Bourmont. Il est son homme après l'évêque de Langres et le comte de Bourgogne.

Copie : B. N. fr. 11853, f° 237.

365. — 1224, 25 décembre, Sézanne.

Henri, comte de Bar est présent et consentant au statut fait par Thibaut, comte de Champagne sur les partages de biens entre les fils de châtelains et de barons.

Edit. : Chantereau-Lefebvre, *Traité des fiefs*, II, 55; Martène, *Anecd.*, I, 919. — **Sign.** : Delaborde, *Les sires de Joinville*, n° 241.

366. — 1224.

Anselme de Garlande s'engage à aider le comte de Bar son seigneur lige.

Copie. : B. N. fr. 11853, f° 93 v°.

367. — 1225, 9 janvier, Toul.

Henri, roi des Romains fait savoir qu'à la prière de l'évêque de Toul il a cité le comte Henri de Bar et Ferri de Brixey qui avaient fait du tort à l'évêché avec le château de Foug et les proscrit s'ils ne font réparation.

Copie : B. N. Coll. Lorr., I, f° 14. — **Edit.** : P. Benoit-Picart, *Hist. de Toul*.

368. — 1225, février.

Errard de Chassenay devient homme lige du comte de Bar, pour 60 livres de rente annuelle à prendre sur le vicomté de Bar à Troyes, sauf pour la ligéité du comte de Champagne, de l'évêque de Langres, de la duchesse de Bourgogne et de Guy de Chatillon. Pour Chatillon il est stipulé qu'Errard ne l'aidera pas contre le comte de Bar, mais que le comte de Bar ne pourra conduire Errard contre Chatillon.

Copie : B. N. fr. 11853, f° 94 v°.

369. — 1225, mars, Suippes.

La dame de Nanteuil demandait à être reçue en l'hommage du comte de Bar, celui-ci refusait parce que le fief était en litige au moment de la mort de Gautier de Nanteuil qui devait mettre 500 livres de terre sous le comte de Bar. Il est conclu que la dame de Nanteuil entrera dans l'hommage de Bar pour 300 livres de terres qu'elle tiendra de lui en fief et mettra les 200 autres l. en sa sauve main jusqu'à ce que son fils soit en âge. Sont pleiges de cet accord Hugues de Rethel, pour 100 livres Ferri de Vienne pour 100 autres et Renaud de Semperium pour le reste.

Copie : B. N. fr. 11853, f° 55 r° ; B. N. Lorr., 718, f° 58.

370. — 1225, avril.

Hugue de Faucogney déclare qu'il est homme lige du comte de Bar excepté contre le comte de Bourgogne et le comte Étienne. Il reçoit du comte de Bar Francalmont et Saint-Loup et doit l'aider de toute forteresse qu'il bâtira ainsi que de son château de Faucogney, ce que les seigneurs de Faucogney n'étaient pas obligés de faire auparavant.

Copie : B. N. fr. 11853, f° 248 ; B. N. Lorr., 719, f° 135 v°.

371. — 1225, avril.

Haimon, vicomte de Vesoul approuve l'hommage de son frère Hugue de Faucogney et reconnait que le comte de Bar peut s'aider du château de Faucogney et y mettre ses hommes.

Copie : B. N. fr. 11853, f° 254 ; B. N. Lorr., 719, f° 133.

372. — 1225, avril.

Thibaut de Neufchâtel est homme lige du comte de Bar qu'il doit aider de son corps et de son château excepté contre le comte de Bourgogne et Henri de Vienne.

Copie : B. N. fr. 11853, f° 255 ; B.N. Lorr., 719, f° 137.

373. — 1225, 8 mai.

Henri, comte de Bar, fonde le prieuré de Beauchamp en Argonne et lui donne 15 réseaux de froment sur les terres d'Auzéville et autant sur celles de Clermont, des vignes à Bar, le droit d'usage dans la forêt de Clermont, les moulins, 20 livres provinesiens sur les péages de Clermont et de Varennes, les ruches sauvages dans les bois, les dîmes que Richard de Haucourt possède à Aurancourt, des pâtures et le moulin d'Avocourt sur le ruisseau de Buanthe.

Edit. : Dom Calmet, II, pr., p. 435.

374. — 1225, 17 juillet.

Henri, comte de Bar, confirme la donation faite à l'abbaye de Saint-Mihiel par Hugues d'Amel de la ville de Rupt-devant-Belrain, (Rupt-devant-Saint-Mihiel).

Orig. : Arch. Meuse, H. Saint-Mihiel, 40[1]. — **Copie** : *Ibid.*, *Cart.*, J[2], f° 29.

375. — 1225, octobre.

Henri, comte de Bar, déclare qu'il a reçu de Jean, évêque de Metz avec l'assentiment du comte de Bourgogne, outre le fief de Briey qu'il tenait de l'évêché, les villes de Thicourt et de Fribourg dont il doit aider l'évêque contre tous hommes.

Orig. : Arch. Meurthe-et-Moselle, B. 590, f° 5. — **Copie** : B. N. lat. 10021, f° 212 v°. — **Edit.** : Marichal, *Cart. de Metz*, I, n° 187.

376. — 1225, 5 octobre.

Jean évêque de Metz confirme l'acte précédent.

Copie : B. N. fr. 11853, f° 307.

377. — 1225.

Otton, duc de Méranie, comte de Bourgogne fait savoir qu'il

donne au comte de Bar en franc alleu le fief de Briey que le comte jusqu'ici tenait de lui.

Copie : vidimus, B. N. Coll. Lorr., 185, f° 2; B. N. fr. 11853, f° 255; Lorr., 719, f° 132; Arch. Meuse; B. 240, f° 1. — **Edit.** : Marichal, *Cart. de Metz*, p. 402, n. 2.

378. — 1225.

Le comte Henri appose son sceau à un accord entre Gautier d'Érize et Garin de Laimont qui ont échangé des biens entre Brabant et Villers.

Edit. A. Jacob, *Cart. de Sainte-Hoïlde*, n° 87, p. 73.

379. — 1226, janvier.

Otton de Méranie, comte de Bourgogne promet de marier son fils Otton à la fille de Thibaut, comte de Champagne, qui entre autres clauses doit l'aider contre le comte de Bar-le-Duc.

Orig. : A. N. J. 198 A, n° 56. — **Edit**. : Teulet, *Trésor des Chartes*, II, n° 1738; Martène, *Anecd.*, I, 927-929. — **Sign**. : d'Arbois de Jubainville, *Catalogue* n° 1686, p. 355.

380. — 1226, mai.

Henri, fils ainé du comte de Salm reprendra en fief et hommage lige du comte de Bar le château de Viviers et celui de Morhange s'ils sont dans sa part d'héritage. Ils seront rendables contre tous, excepté l'évêque de Metz. Si ces châteaux ne sont pas dans sa part Henri de Salm sera homme lige du comte de Bar pour la Neuveville devant Viviers, Donjeux et Henaucourt qu'il tient déjà de lui.

Copie : B. N. fr. 11853, f° 133, v°; Lorr. 718, f° 171.

381. — 1226, juin.

Geoffroy de Louppy est homme lige du comte de Champagne après le comte de Bar et le comte de Grandpré.

Édit. : Chantereau-Lefebvre, *Traité des fiefs*, II, p. 171.

382. — 1226, novembre.

Le comte de Bar atteste que son cousin Louis, comte de Chiny a légué par testament à l'abbaye d'Orval tout ce qu'il possédait au moulin de Thonnelle. Le testament est daté de Cahors.

Edit. : H. Goffinet, *Cartulaire d'Orval*, p. 189.

383. — 1226, novembre.

Erard de Brienne seigneur de Ramerupt est homme lige du comte de Bar pour 10 l. de terre à Nogent-sur-Aube et doit l'aider contre tous, excepté les comtes de Champagne, de Nevers, de Brienne et Garnier de Trainel.

Orig. : A. Chantilly, E. 18. — **Copie** : B. N. fr. 11853, f° 93. — **Edit.** A. Lesort, *Chartes du Clermontois*, n° x, p. 71.

384. — 1227, mars.

Ancel de Dampierre fait savoir qu'il ne peut retenir sur ses domaines les hommes du comte de Bar.

Copie : B. N. Coll. Lorr. 718, f° 4.

385. — 1227, mai.

Le comte de Bar s'oblige envers Simon de Belgré, bourgeois de Metz pour 393 l. dues à Simon par Jean, évêque de Metz. Raoul élu de Verdun se rend caution envers le comte de Bar.

Sign. : Dom Tabouillot, *Hist. de Metz*, III, p. 430.

386. — 1227.

Henri, comte de Bar, Jean de Chalon et Henri de Vienne s'en remettent aux bons offices du cardinal Romain de Saint-Ange pour terminer leurs différends.

Orig. : A. Doubs, B. 38, n°s 3 et 4,

387. — 1227, 16 juin, Bèze.

Jean, comte de Chalon remet à Henri comte de Bar les lettres que celui-ci a faites pour sortir de prison, ses pleiges et otages sont quittes. Cette paix est faite par l'intermédiaire du cardinal Romain de Saint-Ange.

Edit. : A. Duchesne, *Hist. de la maison de Bar*, pr., p. 23. — **Sign.** : d'Arbois de Jubainville, *Catalogue* n° 1769 (juillet).

388. — 1227, 29 juin.

Henri de Vienne étant en désaccord avec le comte de Bar s'en remet au jugement du comte de Champagne et lui remet comme gage de soumission à sa décision le château de Chatillon-sur-Seine.

Copie : du XVIe siècle A. N. J. 911, n° 3. — **Edit.** : Chantereau-Lefebvre, *Traité des fiefs*, II, 174. — **Sign.** : d'Arbois de Jubainville, *Catalogue* n° 1761. — **Anal.** : Delaborde, *Supp.*, n° 328.

389. — 1227, 29 juin.

Le comte Henri de Bar pour son différend avec Henri de Vienne s'en remet au comte de Champagne et lui donne en gage son château de Bourmont.

Edit. : Dom Plancher, *Hist. de Bourgogne*, II, pr. XV. — **Sign.** : d'Arbois de Jubainville, *Catalogue* n° 1762.

390. — 1227, juin.

Le comte de Champagne donne 15 livres sur les foires de Bar-sur-Aube à G. de Belrain qui lui prête hommage sauf contre le comte de Bar.

Orig. : A. N. J. 193, n° 22. — **Edit.** : Teulet, *Trésor des Chartes*, II, n° 1933; Chantereau-Lefebvre, *Traité des fiefs*, 173. — **Sign.** : d'Arbois de Jubainville, *Catalogue* n° 1764.

391. — 1227, août.

Hugue, comte de Vaudemont fait savoir que son fils Hugue a rendu hommage au comte de Bar contre tous et qu'il doit l'aider de Vaudemont et de Châtel-sur-Moselle. Il excepte de son hommage Moriville, qui meut du comte de Bourgogne.

Copie : B. N. fr. 11853, f° 130, v° B. N. L. 718, f° 173. — **Edit.** : Comte de Pange, *Ferry de Bitche*, p. 80.

392. — 1227, octobre, Mousson.

Arnould, comte de Loos et de Chiny, déclare que Chiny est fief du comte de Bar contre tous hommes et que les chevaliers, bourgeois et francs hommes de la châtellenie de Chiny doivent jurer fidélité et service au comte de Bar (*français*).

Copie : B. N. fr. 11853, f° 136. — **Edit.** : Jeantin, *Chronique de l'Ardenne*, II, p. 83; Würth-Paquet, *Table chronologique*, n° 113. — **Edit.** : Cf. plus loin, n° VIII.

393. — 1227, octobre, Mousson.

Jeanne, comtesse de Chiny déclare que Chiny est rendable au comte de Bar contre tous. Le comte s'il se sert du château devra le rendre quinze jours après qu'il n'en aura plus besoin dans l'état où il l'aura pris (*français*).

Copie : B. N. fr. 11853, f° 137 ; B. N. Coll. Lorr. 186, f° 31. — **Sign**. : Jeantin, *Chroniques de l'Argonne*, II, 82.

394. — 1227, novembre.

Le comte de Bar fait savoir que lui et Dreux, abbé de Saint-Mihiel, ont fait faire à frais communs des fours banaux à Hareville, Perriers et Genville. Les revenus en seront partagés entre le comte et l'abbaye.

Orig. : Arch. Meuse, H. Saint-Mihiel, 50⁸. — **Copie** : B. N. fr. 11853, f° 118, v° ; Arch. Meuse, H. Saint-Mihiel, Cart. J², f° 275 ; H. Saint-Mihiel, 5 P⁸, B. N. L. 719, f° 40. — **Edit.** : Dom de Lisle, *Hist. de l'abbaye de Saint-Mihiel*, p. 131.

395. — 1227, novembre. Langres.

Henri, comte de Vienne constitue le comte de Champagne caution de 100 livres stephanois qu'il doit payer au comte de Bar à la foire Saint-Jean à Troyes.

Copie : du xvi° siècle, A. N. J. 911, n° 9, f° 2. — **Sign**. : d'Arbois de Jubainville, *Catalogue* n° 1800. — **Anal**. : H. Delaborde, *Supp.*, n° 334.

396. — 1228, avril.

Jeanne, comtesse de Chiny reconnaît de nouveau que le château de Chiny et les gens de la châtellenie sont dans la féauté du comte de Bar (*français*).

Copie : B. N. fr. 11853, f° 137. — **Edit.** : Jeantin, *Chroniques de l'Ardenne*, II, 83. — **Sign**. : Würth-Paquet, *Table chronologique*, n° 116.

397. — 1228, 6 mai.

Accord entre la collégiale Sainte-Madeleine de Verdun et le comte de Bar, au sujet d'Étain. La collégiale se réserve l'église, les dîmes, la grange d'Etain, le cens dit de St-Euchaire, le cens du moulin et des prés de Foameix, l'exemption d'amende pour dégats des bestiaux, le bois mort pour le feu, le bois vif pour les réparations de l'église et de la grange d'Étain, de l'église et du cloître de la Madeleine, des moulins de Verdun. Tout le reste appartient au comte qui ne peut mettre Étain hors sa main. Henri donne à la collégiale deux parts des dîmes de Laimont et de Longeville et s'engage à protéger le chapitre de la collégiale qui priera pour le comte et ses successeurs, seigneurs de Briey.

Copie : B. N. fr. 11853, f° 164 r°; B. N. Lorr., 718, f° 117.

398. — 1228, 2 juin.

Simon de Joinville fait un accord avec l'abbaye de Saint-Mihiel au sujet de ce que le comte de Bar lui a donné à Ribeaucourt et à Bure.

Copie : Arch. Meuse, H. Saint-Mihiel, 4 S[1]. — **Edit.** : A. Jacob, *Trois chartes inédites des sires de Joinville* dans *Journal soc. arch. Lorr.*, 1879, p. 201.

399. — 1228, juillet.

Gobert d'Apremont déclare devoir la garde à Briey pour le comte de Bar un an et un mois, mais les héritiers de Barthelemy de Briey doivent faire le 13e mois pour le compte de Gobert.

Copie : B. N. fr. 11853, f° 57; B. N. Lorr., 718, f° 144.

400. — 1228, 23 juillet.

Jean, évêque de Metz cède à Henri comte de Bar la curie de Maidières qu'il avait acquise sur l'évêché de Liége et dont Henri lui contestait la possession et lui assure 25 livres provinesiens de rente à l'estimation de Geoffroy de Nonsart et de Garin châtelain de Mousson. En échange le comte de Bar rend à l'évêque de Metz, le château de Fribourg.

Copie : B. N. fr. 11853, f° 195 v°. — **Sign.** : Dom Tabouillot, *Hist. de Metz*, III, 430 ; P. Marichal, *Cart. de Metz*, p. 402, n° 4.

401. — 1228, juillet.

Henri, comte de Bar, confirme l'accord précédent.

Copie : B. N. fr. 11853, f° 307.

402. — 1228, août

Le doyen du chapitre de Metz approuve les deux actes précédents.

Copie : B. N. fr. 11853, f° 196 v°.

403. — 1228, août.

Henri de Fontaines, sa femme et son fils Gérard, reçoivent en fief du comte de Bar Conflans en Bassigny et s'engagent à l'aider contre Guillaume de Vergy.

Copie : B. N. fr. 11853, f° 250 ; B. N. Lorr., 719. f° 132.

404. — 1228, 30 août.

Conrad de Riste fait savoir que son château de Pierrepont est fief du comte de Bar et il en rend hommage.

Copie : B. N. fr. 11853, f° 194.

405. — 1228, septembre.

Josserand le Gros, seigneur de Brancion assigne au comte de Bar une rente de 380 livres sur les salines de Salins.

Copie : B. N. fr. 11853, f° 247 ; B. N. Lorr., 719, f° 131.

406. — 1228, septembre.

Jean, comte de Châlons certifie l'assignation précédente et s'engage à réparer les torts que Josserand pourrait commettre envers le comte de Bar.

Copie : B. N. fr. 11853, f° 246 ; Lorr. 718, f° 49 v°.

407. — 1228, 28 octobre.

Henri, comte de Bar est garant de la promesse faite par le comte de Champagne à Romain, cardinal de Saint-Ange de se soumettre à la décision du pape ou des arbitres dans le conflit existant entre lui et les Templiers.

Copie du XVIe siècle. A. N. J. 911, n° 10. — **Edit**. : Chantereau-Lefebvre, *Traité des fiefs*, II, 188. — **Sign**. : d'Arbois de Jubainville, *Catalogue* n° 1861. — **Analy**. : Delaborde, *Supp*., n° 337.

408. — 1228, octobre.

Henri, comte de Bar, fait savoir que Richard de Kœur a donné à l'abbaye de Saint-Mihiel les dîmes de Kœur et de Han-sur-Meuse.

Orig. : Arch. Meuse, H. Saint-Mihiel, 4, Q[1]. — **Copie** : Arch. Meuse, *Cart. de Saint-Mihiel*, J[2], f° 281.

409. — 1228, octobre.

Henri, comte de Bar, fait savoir au chapitre de la cathédrale de Verdun qu'il a donné à la collégiale Sainte-Madeleine huit sous de Châlons que les hommes de Foameix doivent payer chaque année à son vilicus d'Étain sur les prés et moulins de Foameix.

Orig. : Arch. Meuse. Coll. Buvignier, reg. Étain, non coté.

410. — 1228, décembre.

Henri, comte de Bar fait savoir que Renaud de Dompierre-aux-bois et Henri du Bois son frère ont vendu à l'abbaye de Saint-Mihiel les dîmes des Kœurs, le droit d'usage dans la forêt de Rouvenal pour l'entretien des moulins de Pichaumeix, Bislée et Morvaux et engagent les terrages des deux Kœurs, pour 130 l. provinesiens fors.

Orig. : Arch. Meuse, H. Saint-Mihiel, 4Q³. — **Copie** : Arch. Meuse, H. Saint-Mihiel, *Cart.* J², f° 169. — **Sign.** : A. de Barthelemy, *Le comté d'Astenois*, p. 37.

411. — 1229, 21 janvier.

Henri, comte de Rethel fait savoir que lui et le comte de Bar ont fait un accord au sujet de la ville de Saint-Morel que le comte de Bar a acquise. Les habitants qui sont à Saint-Morel obéiront au comte de Bar, mais ceux qui viendront par la suite conserveront l'obédience du seigneur auquel ils appartiennent.

Copie : B. N. fr. 11853, f° 27.

412. — 1229, janvier.

Gérard de Fontaines est homme lige du comte de Bar avant tous hommes pour Conflans. La veuve d'Henri de Fontaines est lige de Guillaume de Vergy d'abord, ensuite du comte de Bar.

Copie : B. N. fr. 11853, f° 250.

413. — 1229, février.

Henri, comte de Bar donne à perpétuité à Garnier de Bar et à ses héritiers en échange de Sainte-Hoïlde une rente annuelle de 28 muids de blé, 1/2 d'avoine, 1/2 de froment sur les moulins de Laheycourt.

Orig. : Arch. Meuse, H. Saint-Mihiel, 4. H.

414. — 1229, février.

Conrad de Riste fait alliance avec Mathieu duc de Lorraine contre le comte de Bar et ne peut faire la paix sans le duc. Le comte de Castres et le comte de Lunéville sont ses garants ; le duc lui donnera 350 livres messins pour les dommages qu'il lui a causés à Lunéville et Conrad reprend de Mathieu le fief de Norroy.

Copie : Arch. Meuse, B. 256, f° 436 v°. — **Edit.** : Dom Calmet, II, pr., p. 440. — **Sign.** : de Morière, *Cat. des actes de Mathieu II*, n° 94.

415. — 1229, avril.

Pierre de Bourmont promet au comte de Champagne que ni lui ni le comte de Bar ne se serviront du château de Mussey construit avec sa permission sur l'étang de Mussey.

Copie : B. N. latin 5992, f° 339. — **Edit.** : Chantereau-Lefebvre, *Traité des fiefs*, II, 197. — **Ind.** : d'Arbois de Jubainville, *Cat. d'actes*, n° 1899.

416. — 1229, avril.

Le comte de Bar ratifie l'acte précédent.

Copie : Latin 5992, f° 338. — **Edit.** : Chantereau-Lefebvre, *op. cit.*, II, 198. — **Sign.** : d'Arbois de Jubainville, *Catalogue* n° 1900.

417. — 1229, mai.

Milon, abbé de Beaulieu fait savoir que lui et Thierry de Saint-Hilaire ont mis sous la garde du comte de Bar la neuve ville qu'ils ont fondée à Triaucourt et le sauvement au terroir de Menoncourt.

Orig. : A. Chantilly, E. 1. — **Copie** : B. N. fr. 11853, f° 172 ; Lorr. 718, f° 93. — **Edit.** : A. Lesort, *Chartes du Clermontois*, n° XII.

418. — 1229, 21 juin.

Guillaume de Pesmes fait hommage au comte de Champagne sauf la ligéité du duc de Méranie, de l'archevêque de Besançon et du comte de Bar.

Copie : B. N. Latin 5992, f° 343. — **Edit.** : Chantereau-Lefebvre, *Traité des fiefs*, II, 191. — **Sign.** : d'Arbois de Jubainville, *Catalogue* n° 1910.

419. — 1229, 24 juin.

Guillaume de Belrain augmente de trois mois la garde qu'il doit au château de Bar.

Copie : B. N. fr. 11853, f° 91.

420. — 1229, juin.

Henri, comte de Bar promet à son frère Valéran de Limbourg et à sa sœur Elisabeth de leur donner à tenir de lui en hommage lige à grande et petite force le château de Pierrepont dès qu'il l'aura recouvré et en outre 200 livres de rentes. Tous les fiefs dépendant de Pierrepont appartiendront à Valeran, sauf celui de Hugues d'Amel. Ils ne peuvent mutuellement se retenir leurs hommes.

Orig. : B. N. Lorr. 982, f° 3.

421. — 1229, juin.

Geoffroy de Vaucouleurs, sire de Gondrecourt rend hommage au comte de Bar pour Montfort et Demange.

Orig. : Arch. Meurthe-et-Moselle, B. 722, n° 14.

422. — 1229, août.

Philippe de Plancy reprend du comte de Bar ce qui lui vient de sa mère à Vouthon.

Copie : B. N. fr. 11853, f° 221 ; B. N. Lorr. 719, f° 76 v°.

423. — 1229, 22 octobre.

Thibaut, comte de Champagne fait alliance avec Jean, évêque de Metz, contre le comte de Bar.

Sign. : D'Arbois de Jubainville, *Catalogue* n° 1945.

424. — 1229, 22 octobre.

Jean, évêque de Metz, fait alliance avec Thibaut de Champagne contre Henri, comte de Bar et Alix de Chypre.

Copie : A. N. KK 1064, f° 385 v°. — **Sign.** : d'Arbois de Jubainville, *Catalogue* n° 1946.

425. — 1229, 22 octobre.

Mathieu, duc de Lorraine fait alliance avec Thibaut, comte de Champagne contre le comte de Bar.

Copie : A. N. KK 1064, f° 385. — **Sign.** : d'Arbois de Jubainville *Catalogue* n° 1944; De Morière, *Cat. des actes de Mathieu II*, n° 100.

426. — 1229, 22 octobre.

Le comte de Champagne promet au duc de Lorraine qu'à partir de la fête de Noël et sur sa demande, il rejettera le comte de Bar de son hommage et quarante jours après commencera la guerre contre lui. Il ne fera ni paix ni trêve avec le comte de Bar sans l'assentiment du duc de Lorraine.

Copie : Arch. Meuse, B. 256, f° 289, A. N. KK 1064, f° 385 v°; B. N. fr. 11853, f° 91 v°. — **Edit.** : Dom Calmet, t. II, pr., p. 441. — **Sign.** : d'Arbois de Jubainville, *Catalogue* n° 1943; de Morière, *Catalogue* n° 99.

427. —1219, octobre.

Le comte de Bar fait savoir que Herinice de Septiniaco (Sepvigny), a vendu au couvent de Sainte-Hoïlde les dîmes de Neuville devant Bar (Neuville-sur-Orne).

Edit. A Jacob, *Cart. de Sainte-Hoïlde*, n° 84, p. 72.

428. — 1229, octobre.

Hugue, comte de Vaudémont fait savoir que son fils Geoffroy, sire de Gondrecourt avec son assentiment et celui de son frère aîné a reçu du comte de Bar en fief lige les alleus de Demange et de Montfort.

Orig. : Arch. Meurthe-et-Moselle, B. 722, n° 15. — **Copie** : B. N. Coll. Lorr. 659, f° 609; B. N. fr. 11853, f° 220; Lorr. 719, f° 166. — **Edit.** : Dom Calmet, II, pr., p. 441.

429. — 1229, octobre.

Hugue, fils aîné du comte de Vaudémont fait savoir qu'avec son consentement son frère, seigneur de Gondrecourt, a repris du comte Demange et Montfort.

Orig. : Arch. Meurthe et-Moselle, B. 722, n° 16. — **Copie** : B. N. Lorr. 719, f° 191.

430. — 1229, novembre.

Le comte de Bar reconnaît qu'Allard, abbé de Jeand'heurs et ses religieux l'accompagnent dans leurs biens situés sur les deux rives de la Saulx excepté leur abbaye, trois bois et une partie de Nettancourt appelé Hipremont.

Copie : Arch. Meuse, B. 260, f° 35. — **Edit.** : H. Labourasse, *Notes sur l'abbaye et le domaine de Jeand'heurs*, p. 169.

431. — 1229, décembre.

Nicolas du Bourg dit Dagars est homme lige du comte de Bar après le comte de Rethel et reçoit en fief ce que le comte possède à Osche en moulin et terrage.

Copie : B. N. fr. 11853, f° 173 ; B. N. Lorr. 719, f° 90 v°.

432. — 1229.

Henri II affranchit l'hôpital de Bar-le-Duc des droits de mouture et d'entrée pour les grains à Bar.

Copie : A. Meurthe-et-Moselle, H. 1673, f° 6.

433. — 1230, janvier.

Le comte de Champagne promet d'aider le comte de Grandpré contre le comte de Bar. Le comte de Rethel et Simon de Joinville sont ses garants.

Copie : B. N. latin, 5992, f° 120 v°. A. N. K. K. 1064, f° 218 v°. — **Edit.** : Chantereau-Lefebvre, *Traité des fiefs*, II, 196. — **Sign.** : Delaborde, *Jean de Joinville*, n° 264; d'Arbois de Jubainville, *Catalogue* n° 1978; Rozerot, *Rép. hist. de la Haute-Marne*, n° 1018.

434. — 1230, 3 janvier.

Le comte de Grandpré promet d'aider le comte de Champagne contre le comte de Bar.

Copie du XVIe siècle. A. N. J. 911, n° 11 ; B. N. V. C. C. 57, f° 141. — **Edit.** A. Teulet, *Trésor des Chartes*, II, n° 2034 ; Chantereau-Lefebvre, *op. cit.*, II, 205. — **Sign.** : d'Arbois de Jubainville, *Catalogue* n° 1977 ; A. de Barthelemy, *Les comtes de Grandpré*, p. 28. — **Anal.** : Delaborde, *Suppl.*, n° 347.

435. — 1230, 22 mars.

Errard de Brienne, seigneur de Ramerupt et sa femme livrent au comte de Champagne les chateaux de Venisy et Ramerupt et font jurer à leurs hommes de soutenir le comte de Champagne contre le comte de Bar et ses alliés le comte de Boulogne et le duc de Bourgogne.

Copie : B. N. Coll. Champ. 136, p. 14. — **Sign.** : d'Arbois de Jubainville, *Catalogue* n° 1991.

436. — 1230, mars.

Robert de Werlin déclare tenir du comte de Bar ce qu'il a à Linay et Blagny.

Copie : B. N. fr. 11853, f° 93.

437. — 1230, 29 avril.

Guy d'Arcis rend hommage au comte de Champagne pour 30 l. de rentes sur les revenus du comte de Bar aux foires de Troyes. Il doit en faire hommage à Thibaut dans le délai d'une année faute de quoi il en sera privé.

Orig. : A. N. J. 196, n° 21. — **Copie** : A. N. J. 911, n° 12. — **Edit.** : A. Teulet, *Trésor des Chartes*, II, n° 2046. — **Anal.** : Delaborde, *Sup.*, n° 348; Chantereau-Lefebvre, *Traité des fiefs*, II, 207. — **Sign.** : d'Arbois de Jubainville, *Catalogue* n° 2025.

438. — 1230, avril.

Le comte de Champagne promet à Guillaume de Dampierre de l'aider contre le comte de Bar.

Copie : B. N. lat. 5992, f° 234; A. N. KK, 1064, f° 204. — **Sign.** : d'Arbois de Jubainville, *Catalogue* n° 2026.

439. — 1230, mai.

Gilles de Rotaforte est homme du comte de Bar pour 20 l. sur les revenus de Varennes après l'évêque de Liège, la comtesse de Luxembourg et le comte de Chiny.

Copie : B. N. fr. 11853, f° 172.

440. — 1220, 4 août.

Le comte de Bar à la prière d'Errard de Chassenay accorde une trêve au comte de Champagne et au duc de Lorraine depuis le 6 jusqu'au 29 août. Durant cette trêve, le comte de Bar jouira d'un sauf-conduit sur les terres de Champagne et le duc de Lorraine d'un sauf-conduit sur celles de Bar.

Copie : B. N. fr. 4847, f° 282. Coll. Champ. 136, f° 53. — **Edit.** : Dom Calmet, II, pr., p. 442. — **Sign.** : d'Arbois, *Catalogue*, n° 2053; de Morière, *Cat. des actes de Mathieu II*, n° 116.

441. — 1230, 24 août.

Haimon de Faucogney déclare qu'il est devenu homme lige du

duc de Lorraine après le comte de Bourgogne, le comte Etienne de Sancerre et le comte de Bar. Si pour cela ou pour toute autre cause le comte de Bar lui faisait la guerre ou le repoussait de son hommage, il deviendrait l'homme lige du duc comme ses prédécesseurs, le vicomte de Vesoul et Haimon son grand-père, l'ont été après le comte de Bourgogne et le comte Etienne.

Orig. : Arch. Meurthe-et-Moselle, B. 707, n° 2. — **Copie** : Arch. Meurthe-et-Moselle, B. 379, f° 450; Arch. Meuse, B. 256, f° 6 v°. — **Edit.** : de Morière, *Cat. des actes de Mathieu II*, p. 267. — **Sign.** : *Ibid.*, n° 117.

442. — 1230, 25 septembre.

Philippe, comte de Boulogne déclare que le duc de Lorraine et le comte de Bar l'ont choisi comme arbitre avec le comte de Champagne pour régler les difficultés survenues entre eux depuis la paix de Vitry. En cas de désaccord, la reine Blanche de Castille servira de tiers arbitre.

Edit. : Chantereau-Lefebvre, *Traité des fiefs*, II, 208. - **Sign.** : d'Arbois de Jubainville, *Catalogue* n° 2060; Le Mercier de Morière, *Catalogue* n° 120.

443. — 1230, octobre.

Le duc Mathieu de Lorraine atteste que Renier de Bourbonne a ratifié l'accord entre le comte de Bar et l'abbaye de Flabemont d'une part et Simon de Passavant d'autre part à propos des dimes de Dureauwé et de Frasne.

Copie : B. N. fr. 11853, f° 234.

444. — 1230, 9 décembre.

Philippe comte de Boulogne et Thibaud comte de Champagne notifient la paix entre le duc de Lorraine et le comte de Bar. Le duc de Lorraine rend au comte ce que celui-ci possédait à Amance et s'engage à combler les fossés qu'il a indûment faits. De son côté le comte rendra les engins et les prisonniers pris à Pierrepont. Le comte gardera le fief de Neuviller, mais renoncera à l'hommage du sire de Darney. Le comte gardera Thicourt, s'arrangera avec Conrad de Riste pour Pierrepont et Riste auxquels le duc renonce. Le duc s'arrangera avec le comte de Toul pour Mirecourt et Charmes auxquels le comte renonce. Le duc paiera de moitié avec le comte de Champagne les dégats faits au pont et à la forteresse de Mousson. Dommart au Bois sera rendu au comte de Vaudemont et la fille du sire de Taudon ravie durant la guerre sera remise à ses parents à moins qu'elle n'ait été mariée. Les fiefs des vassaux infidèles tant du duc que du comte qui refuseraient de rentrer dans l'hommage seront confisqués par les suzerains et les prisonniers seront relachés de part et d'autre (*français*).

Copie : A. N. J. 911, n° 13. B. I. Coll. Godefroy, 332, f° 17. — **Edit.** : Teulet, *Trésor des Chartes*, p. 191 (date du 12) ; Dom Calmet, II, pr., p 442. — **Sign.** : d'Arbois de Jubainville, *Catalogue* n° 2073 ; Le Mercier de Morière, *Cat. des actes de Mathieu II*, n° 121 ; H. Delaborde, *Supp.*, n° 349 (date rectifiée).

445. — 1230, 11 décembre.

Guillaume, évêque de Paris recommande à Henri, comte de Bar, Arnoult la Tour comme chapelain de Torcy.

Copie : B. N. fr. 11853, f° 13.

446. — 1230, 13 décembre.

Aubert de Darney déclare tenir du comte de Bar les fiefs d'Escreignes (Frolois), de Germiny et ce qu'il a à Mandres et Gondreville sauf la fidélité qu'il doit au duc de Lorraine.

Copie : B. N. fr. 11853, f° 244.

447. — 1230, 14 décembre.

Guillaume, évêque de Paris, écrit à son archidiacre de faire le nécessaire pour Arnoult la Tour que le comte de Bar a agréé comme chapelain de Torcy.

Copie : B. N. fr. 11853, f° 14.

448. — 1230, décembre, Melun.

Le comte de Bar souscrit l'ordonnance de Louis, roi de France sur les Juifs.

Edit : A. Teulet, *Trésor des Chartes*, II, n° 2083 ; Chantereau-Lefebvre, *Traité des fiefs*, II, p. 209.

449. — 1231, janvier.

Henri, comte de Bar fait savoir que Garnier de Mousson son fidèle a donné à l'abbaye de Saint-Mihiel quarante sous fors sur les péages de Saint-Mihiel.

Orig. : Arch. Meuse, H. Saint-Mihiel 3 B⁷. — **Copie** : *ibid.*, Cart. J², f° 25. — La donation de Garnier date de 1226 en original, Arch. Meuse, 3 B⁷. — **Edit.** : Cf. plus loin, n° V.

450. — 1231, janvier.

Henri, comte de Bar fait savoir que Martin, curé de Bourmont a donné au prieuré de Haréville dépendant de l'abbaye de Saint-Mihiel une vigne au finage de Bourmont.

Orig. : Arch. Meuse, H. Saint-Mihiel, 5 P². — **Copie** : *ibid.*, Cart. J², f° 301.

451. — 1231, mars.

Richard de Kœur avec l'assentiment du sire de Bourmont vend au comte de Bar 15 livres de rente sur le tonlieu de Bar.

Copie : Arch. Meuse, B. 228, f° 132.

452. — 1231, mai.

Geoffroy de Louppy ayant reçu du comte de Champagne le péage de Cuperly devient homme lige du comte de Champagne après le comte de Bar et le comte de Grandpré. Si Geoffroy a plusieurs enfants le second sera homme lige du comte de Champagne avant tous autres.

Copie : B. N. V. C. Colbert, 58, f° 225. — **Sign.** : d'Arbois de Jubainville, *Catalogue* n° 2124.

453. — 1231, juillet.

Henri comte de Bar fait savoir qu'il donne sa fille Marguerite en mariage à Henri, comte de Luxembourg et lui assigne en dot Ligny et la châtellenie de Ligny. Au cas où Marguerite mourrait sans hoir, la terre de Ligny reviendrait au comte de Bar; au cas où Elisabeth, sœur du comte, mariée à Valéran de Limbourg mourrait sans hoirs les terres de Marville et Arrancy, sa dot, reviendraient à Marguerite et, au cas où Marguerite mourrait sans hoirs au comte de Bar.

Orig. : B. N. Lorr. 194, n° 1. — **Copie** : Arch. Meuse, B. 3038, f° 2. **Edit.** : Dom Calmet, II, pr., p. 445; Ernst, *Hist. du Limbourg*, VI, p. 212.

454. — 1231, juillet.

Ermesinde comtesse de Luxembourg confirme l'acte précédent.

Edit. : A. Bertholllet, *Hist. du Luxembourg*, IV, p. 58.

455. — 1231, octobre.

Raoul de Senlis est homme lige du comte de Bar pour 40 l. sur la vicomté de Troyes après l'évêque de Paris et le comte de Boulogne.

Copie : B. N. fr. 11853, f° 94.

456. — 1231.

Le comte de Rethel, reconnaît devant le comte de Bar, devoir une certaine somme à un juif de Saint-Mihiel.

Copie : B. N. fr. 11853, f° 28.

457. — 1231.

Henri II dispense l'hôpital de Bar du droit de banvin lui permettant de vendre le vin de son cru en détail sans payer aucun droit.

Copie : A, Meurthe-et-Moselle, H. 1674, f° 1.

458. — 1232, 24 avril.

G. Châtelain de Durbuy, fait savoir qu'il s'est accordé, avec Ermesinde, comtesse du Luxembourg, de telle manière que son fief restera en l'état où il était du temps de Thiébaut, comte de Bar, mari d'Ermesinde.

Edit. : Bertholllet, *Hist. du Luxembourg*, V, p. 80; Würth-Paquet, *Table chronologique*, n° 139.

459. — 1232, mars.

Pierre de Bourmont, fait savoir que son neveu Richard de Kœur a vendu au comte de Bar, avec son consentement, 15 livres sur le tonlieu de Bar.

Copie : B. N. Lorr. 719, f° 157, v°.

460. — 1232, 5 octobre.

Henri, comte de Bar s'allie avec le maître échevin et la communauté de Metz contre l'évêque de Metz, le duc de Lorraine, ceux de Port-Saillis qui étaient sortis de Metz, et contre leurs alliés. Il s'engage à ne faire ni paix ni trève sans le consentement de la ville.

Edit. : Dom Tabouillot, *Hist. de Metz*, t. III, pr. 188. — **Sign.** : De Morière, *Cat. des Actes de Mathieu*, II, n° 162.

461. — 1233, janvier, Saint-Germain en Laye.

Le roi Louis IX sur la demande de l'empereur Frédéric II, fait défense au comte de Champagne de venir en aide à Jean, évêque de Metz contre le comte de Bar et les habitants de Metz.

Copie : B. N. cinq cents, Colbert, 56, f° 26. — **Sign.** : d'Arbois de Jubainville, *Catalogue* n° 2224.

462. — 1233, 17 mars.

Dreux, abbé de Saint-Mihiel et Renaud, prieur de Bar la ville, cèdent à Henri, comte de Bar, le bois qu'ils ont entre Fains et Vavincourt, entre Chardogne et Behonne. Ils se réservent les bois dits Faël et leur usage pour le feu, les pesseaux et les clôtures du prieuré.

Orig. : Arch. Meuse, H. Saint-Mihiel, 6 Z[4]. — **Copie** : B. N. fr. 11853, f° 118, v°; B. N. Lorr. 719, f° 34 ; Arch. Meuse, H. Saint-Mihiel, Cart. J[2], f° 282. — **Edit.** : Dom de Lisle, *Hist. de l'abbaye de Saint-Mihiel*, p. 134.

463. — 1233, 26 avril, Latran.

Le pape Grégoire IX défend à Henri, comte de Bar, d'abandonner l'hommage du comte de Champagne à propos des prétentions d'Errard de Brienne et de sa femme et de la reine Alix de Chypre.

Orig. : A. N. J. 209, n° 8. — **Edit.** — Teulet, *Trésor des Chartes*, II, n° 2235. — **Sign.** : d'Arbois de Jubainville, *Catalogue* 2248.

464. — 1233, juin.

Le duc de Lorraine déclare que les prises qu'il a faites au val de Mars-la-Tour et sur l'abbaye de Gorze durant la guerre contre le comte de Bar ne doivent pas porter préjudice aux droits de Gobert d'Apremont, avoué de ladite abbaye.

Copie : Arch. Meurthe-et-Moselle, B. 508, f° 134. — **Edit.** : Le Mercier de Morière, *Cat. des Actes de Mathieu*, II, p. 271. — **Sign.** : de Morière, *op. cit.*, n° 169.

465. — 1233, juin.

Henri, comte de Bar approuve la donation faite par Alaïde, veuve d'Etienne de Belrain, de trois mesures de blé sur les dîmes d'Autrécourt à l'abbaye de Lisle-en-Barrois.

Copie : A. N. J. 760 a, nº 1. — **Anal.** : Delaborde, *Supp.*, nº 367.

466. — 1233, juillet.

Henri, comte de Bar, promet que dans l'année où il aura fait la paix avec le duc de Lorraine il abandonnera à l'abbaye de Gorze pour les posséder librement les centaines d'Arnaville et de Rezonville qu'il tenait du dit duc.

Copie : Bibl. mun. de Metz, cart. de Gorze, fº 62. — **Sign.** : de Morière, *Cat. des Actes de Mathieu*, II, nº 172.

467. — 1233, 30 août.

Le duc de Bourgogne notifie la paix conclue entre le comte de Bar et le duc de Lorraine par son intermédiaire. Le duc rendra au comte ce que celui-ci possède à Amance et démolira les fortifications si elles ont été faites avant que le comte se soit retiré de l'hommage du duc à Troyes. Le château de Fontenoy appartenant au comte de Toul sera fief du comte de Bar et pour les différends que les deux princes pourront avoir par la suite ils s'en remettront aux arbitres Garnier de Lay et Guerry de Preny ou au tiers arbitre Errard de Chassenay.

Copie : B. N. Coll. Lorr., 719, fº 160. — **Sign.** : Dom Calmet, II, l. 23, chap. 33.

468. — 1223, septembre.

Le comte de Bar déclare qu'il a constitué pour sa caution Gilles de Rodemack qui garantit au duc de Lorraine le paiement de 100 marcs d'argent pour assurance de la paix.

Edit. : Bertholllet, *Hist. du Luxembourg*, V, pr., p. 9. — **Sign.** : Le Mercier de Morière, *Cat. des actes de Mathieu II*, nº 173.

469. — 1233, octobre.

Le comte de Bar fait savoir que Raoul évêque de Verdun l'a dégagé de la caution qu'il lui avait donnée pour emprunter 100 marcs d'argent à des Lombards.

Edit. : Clouet, *Hist. de Verdun*, II, 395.

470. — 1233, novembre.

Gautier de Vignory quitte à Henri de Bar le fief de Melay.

Copie : B. N. fr. 11853, f° 247.

471. — 1233, 26 décembre.

Le duc de Lorraine confirme la vente faite par son oncle, le comte de Bar, à l'abbaye de Gorze, des centaines que le dit comte tenait de lui et promet de n'en plus rien réclamer.

Copie : Bibl. mun. de Metz, *Cart. de Gorze*, f° 62.

* **472**. — 1233.

Le comte de Bar approuve l'accord entre Raoul, voué de Chaumont-sur-Aire et l'abbé de Lisle.

Copie : Arch. Meuse, H., *Cart. de Lisle*.

473. — 1233.

Roger, évêque de Toul, approuve la vente faite par Herenice de Septiniaco (Sepvigny) avec le consentement du comte de Bar, à l'abbaye de Sainte-Hoïlde, des dîmes de Neuville-sous-Bar.

Edit. : A. Jacob, *Cart. de Sainte-Hoïlde*, n° 95, p. 78. Cf. précédemment, n° 427.

474. — 1233.

Roger, évêque de Toul, confirme la donation faite par le comte de Bar à l'abbaye de Sainte-Hoïlde de ce qu'il avait des dîmes de Saint-Joire.

Edit : A. Jacob, *op. cit.*, n° 104, p. 84.

475. — Kaiserslautern. — 1234, 16 mars.

Simon, comte de Dagsbourg, déclare faire la paix avec l'évêque de Metz, il devient son vassal et promet à l'évêque de ne pas prendre part à la guerre que celui-ci a contre le comte de Bar, les citoyens de Metz et leurs alliés.

Copie : B. N. lat. 11021, n° 130. — **Edit**. : P. Marichal, *Cart. de Metz*, n° 317.

476. — 1234, mars.

Guillaume de Baudignécourt fait savoir qu'avec son consentement, Gautier de Reynel reprend en fief du comte de Bar, le four de Baudignécourt.

Copie : B. N. fr. 11853, f° 247 ; B. N. Lorr. 719, f° 191.

477. — 1234, 25 juin.

Hugue d'Amel et le comte de Bar étaient en désaccord à propos des serfs que le comte avait pris en gage à Amel et Salmagne. Jacques de Cons et Pierre de Bourmont, enquêteurs sur cette affaire donnent tort à Hugue et déclarent que le comte a usé de son droit en prenant des gages.

Copie : B. N. fr. 11853, f° 209.

478. — 1234, 24 juillet.

Nicolas, archevêque de Besançon et Thibaut, vicomte de cette ville, reconnaissent que les fils de Pierre li Angres ont quitté à Henri le fief que Gérard Macherotte tenait d'eux au château de Chatillon, appartenant au comte.

Copie : B. N. fr. 11853, f° 254.

479. — 1234, juillet.

L'official de Paris fait connaitre la vente de la maison qui est près de celle du comte de Bar à Paris (*français*).

Copie : B. N. fr. 11853, f° 71.

480. — 1234, août.

Henri, comte de Bar, fait savoir qu'il affranchit les hommes de Bar-le-Duc et fixe les détails des franchises.

Edit. : Maxe Werly, *Bull. hist. et phil.*, 1896, n. 1, p. 20 et sq.

481. — 1234, octobre.

Henri de Dreux, archevêque de Reims et Renaud de Stenay font la paix. Adam Brulart et Arnould de Louppy feront une enquête sur leurs droits à Létanne, en cas de désaccord le comte de Bar sera tiers arbitre (*français*).

Orig. : A. Chantilly, E. 5. — **Edit.** : Lesort, *Les Chartes du Clermontois*, n° XV.

482. — 1234, novembre.

Henri Lombard et sa femme Laurette déclarent que leur fils,

Gérard d'Auxelle de Fontaines a vendu au comte de Bar, Conflans pour 1800 livres plus quarante livres de terre.

Copie : B. N. fr. 11853, f° 250; B. N. Lorr. 719, f° 133.

483. — 1234, novembre.

Gérard de Fontaines, reconnait avoir vendu Conflans au comte de Bar et tenir de lui 40 l. de terre.

Copie : B. N. fr. 11853, f° 250.

484. — 1234, décembre.

Le comte Henri de Bar donne à l'abbaye de Saint-Mihiel les dîmes de Bannoncourt pour le repos de son âme et celle de ses ancêtres.

Orig. : Arch. Meuse, H. Saint-Mihiel T[1]. — **Copie** : Arch. Meuse, H. Saint-Mihiel, Cart. J[2], f° 284. — **Edit**. : Cf. plus loin, n° VI.

485. — 1235, 20 mars.

Accord entre Henri, comte de Grandpré et le comte de Bar. Le comte de Grandpré renonce à ses réclamations pour les prétendus préjudices que lui avait faits le comte de Bar. En retour, le comte de Bar lui donne le fief de Itier du Chatelet, un rez de froment sur les terrages de Verdun, ses biens d'Apremont sauf le vinage, la garde de Cierges, la moitié du vinage et des chemins de Coursancourt et de Vaugelles, ce que le comte de Grandpré et son frère tenaient à Romagne, le fief de la veuve de Jean de Termes à Montblainville, le tout à tenir du comte de Bar (*français*).

Copie : B. N. fr. 11853, f° 31. — **Sign**. : A. de Barthélemy, *Les comtes de Grandpré*, p. 29.

486. — 1235, mars.

Le comte de Bar donne au prieuré de Bar-la-ville, de l'abbaye de Saint-Mihiel, les dimes de Massonges.

Copie : Arch. Meuse, H. Saint-Mihiel, Cart. J[2], f° 286.

487. — 1235, mars.

Le comte de Bar fait savoir que Robert de Bussy a donné à Sainte-Hoïlde tout ce qu'il possédait en dîmes à Seraucourt près Beauzée.

Édit. : A. Jacob, *Cart. de Sainte Hoïlde*, n° 86.

488. — 1235, 4 avril.

Le comte de Bar fait savoir qu'il a accordé entre eux, Gobert d'Apremont et Laurette sa femme avec leurs sœurs Mahaut et Jehanne pour l'héritage de leur père Simon, comte de Sarrebrück (*français*).

Orig. : B. N. Coll. Lorr., 251, f° 111. — **Edit**. : N. de Wailly, *Notice des mss.*, t. 28, n° 8.

489. — 1235, avril.

Gobert d'Apremont reprend en fief du comte de Bar, Dun et sa châtellenie, avant tous hommes sauf l'évêque de Metz. Il recevra à Dun le comte avec autant d'hommes et autant de fois que celui-ci voudra. Si, par la suite, celui qui tient Dun ne tient pas Apremont, il sera lige du comte de Bar avant tous hommes (*français*).

Copie : B. N. fr. 11853, f° 57 v°. — **Edit**. : Cf. plus loin, n° VII.

490. — 1235, avril.

Gobert d'Apremont, déclare que celui de ses héritiers qui tiendra le fief qu'il a Briey du comte de Bar, fera hommage au comte de Bar ou à son héritier qui tiendra Briey avant tous hommes. Gobert doit la garde à Briey, un an et un mois, et chaque fois qu'elle est demandée par le comte de Bar, Barthélemy de Briey, doit faire le treizième mois pour Gobert (*français*).

Copie : B. N. fr. 11853, f° 57 v°.

491. — 1235, avril.

Gobert d'Apremont, se reconnait homme lige du comte de Bar après l'évêque de Metz pour Vertuzey. Il cède au comte de Bar, ce que Jean de Haucourt a acheté de Jean de Jaulny à Thiaucourt mouvant d'Apremont, l'autorise à acquérir ce que Henri Descordai et Colard Fallande ont à Thiaucourt et s'engage pour lui et ses hoirs à ne rien y acquérir (*français*).

Copie : B. N. fr. 11853, f° 57 v°.

492. — 1235, avril.

Hugues, duc de Bourgogne, déclare qu'ayant réformé le traité entre le comte de Champagne et le comte de Bar, il veillera à ce que le fief du comte de Grandpré demeure lige du comte de Bar avant tout autre.

Orig. : B. N. Coll. Lorr., 184, f° 2. — **Copie** : B. N. L. 719, f° 21. — **Edit.** : Dom Morice, *Hist. de Bretagne* I, 895. — **Sign.** : A. de Barthelemy, *Les comtes de Gran dpré*, p. 30.

493. — 1235, 20 mai.

Le comte de Bar appose son sceau au testament d'Henri, comte de Vaudémont son vassal.

Copie : B. N. Coll. Lorr., 718, f° 167 v°. — **Edit.** : Dom Calmet, II, p. 448.

494. — 1235, mai.

Roger, évêque de Toul, vidime un acte de même date par lequel, Pierre de Bourmont, déclare qu'il s'est accordé avec l'abbé de Saint-Arnoult de Metz pour le ban de Norroy, qu'il exécutera les clauses d'une charte scellée par le comte de Bar *(français)*.

Orig. : B. N. Lorr., 980, n° 7. — **Copie** : A. M. B. 254 ; Arch. Moselle H. 88, n° 5. — **Edit.** : de Wailly, *Notice des mss.*, 28, p. 21, n° 10.

495. — 1235.

Henri, comte de Bar, déclare que Pierre de Bourmont, chevalier de Norroy, s'est accordé avec l'abbaye de Saint-Arnoult de Metz, pour le bois de Jarry-Bois et l'étang de Bernamont.

Orig. : A. Moselle, H. 88, n° 3.

496. — 1235, juillet.

Ermesinde, comtesse de Luxembourg, fait connaître la ratification du mariage entre Henri de Luxembourg son fils et Margueritte, fille du comte de Bar.

Copie : B. N. fr. 11853, f° 47. — **Edit.** : Mireus, *Diplomata Belgica*, f° 380 ; Bertholle t, *Hist. du Luxembourg*, IV, pr., p. 61.

497. — 1235, novembre.

Gérard, fils de Henri de Fontaines, fait savoir qu'il a repris en fief du comte de Bar, le château de Conflans-le-Châtel.

Copie : B. N. fr. 719, f° 137.

498. — 1235, novembre.

Henri de Houffalize, reconnaît qu'il ne peut recevoir à Bovignes et à Bertrameix, les gens d'Henri, comte de Bar, à moins qu'ils ne se marient avec ceux d'Henri de Houffalize.

Copie : B. N. fr. 11853, f° 49 ; Lorr. 718, f° 193 v°.

499. — 1236, 16 janvier.

Le comte de Bar est un des garants des conventions du mariage, entre Jean, fils de Pierre, duc de Bretagne et Blanche, fille de Thibaut, comte de Champagne et roi de Navarre.

Orig. : A. N. J. 198 b, n° 71. — **Copie** : Ardennes, E. 50, f° 42. — **Édit.** : Teulet, *Trésor des Chartes*, II, n° 2432 ; Dom Morice, *Hist. de Bretagne*, I, pr. 895 ; A. Duchesne, *Hist. de la maison de Dreux*, pr., p. 331. — **Sign.** : d'Arbois de Jubainville, *Catalogue* n° 2377 ; A. Rozerot, *Rép. histor. de la Haute-Marne*, n° 1103.

500. — 1236, 28 février.

Henri, comte de Bar, déclare qu'il est tenu de remettre en la prison du comte de Champagne, le maire de Saint-Thiébaut, qui a été longtemps retenu dans le château de Monteclair et ce dans la quinzaine de la réquisition.

Edit. : Chantereau-Lefebvre, *Traité des fiefs*, II, 219. — **Sign.** : d'Arbois de Jubainville, *Catalogue*, n° 2384 ; A. Rozerot, *op. cit.*, n° 1105.

501. — 1296, mars.

Robert de Maizey est homme lige du comte de Bar pour Rembercourt-sur-Mad, Rarécourt et une partie du cours de la Meuse. Il doit trois mois de garde au château de Saint-Mihiel.

Copie : B. N. fr. 11853, f° 101.

502. — 1236, avril.

Henri comte de Bar se déclare garant de l'accord conclu entre le comte de Champagne et le duc de Bretagne du 16 janvier.

Copie : B. N. fr. 4847, f° 283. — **Sign.** : d'Arbois de Jubainville, *Catalogue* n° 2411.

503. — 1236, mai.

Le comte de Champagne promet au comte de Bar, son cousin, de ne rien réclamer sur la mouvance du fief du comte de Grandpré.

Orig. : B. N. Lorr. 208, n° 1. — **Copie** : B. N. fr. 11853, f° 24. — **Ind.** : d'Arbois de Jubainville, *Catalogue* n° 2418 *bis* ; A. de Barthelemy, *Les comtes de Grandpré*, p. 30.

504. — 1236, 5 juin.

Renaud de Morvillers vend au comte de Bar le tréfonds de deux charretées de vin qu'il tenait du comte, à Foug.

Copie : B. N. fr. 11853, f° 218 ; arch. Meuse, B. 245, f° 298 ; A. Meurthe-et-Moselle, B. 718, f° 1.

505. — 1236, 12 juin.

Le pape Grégoire confirme la fondation du monastère de Sainte-Hoïlde faite par Henri comte de Bar. Il rappelle et confirme les donations faites par le comte de Bar, de froment sur les moulins de Bar, à Laheycourt, Auzécourt, Louppy-le-Château, Ogeicourt et sur le tonlieu de Bar.

Edit. : Dom Calmet, II, pr., p. 449.

506. — 1236, juillet.

Le comte de Bar accompagne l'abbaye de Flabémont dans le fief de Nardon Chasnel à Frasne.

Orig. : A. Meurthe-et-Moselle, B. 480, f° 1. — **Copie** : B. N. fr. 11853, f° 251.

507. — 1236, 19 octobre.

Pierre de Bauffremont, fils de Liébaut fait la paix avec le comte de Bar et promet de lui prêter son château contre tous sauf le comte de Bourgogne, il lui prête hommage pour Loisy et Vaux.

Copie : B. N. Latin 2085, f° 54, **Edit.** : *Doc. de l'histoire des Vosges*, IV, p. 349.

508. — 1236, décembre.

Henri, comte de Grandpré abandonne au comte de Bar le fief appartenant à l'abbaye de Beaulieu que Raoul de Clermont tenait de lui excepté les hommes de Saint-Maurice habitant à Jubécourt et à Ville-sur-Cousance *(français)*.

Copie : B. N. fr. 11853, f° 31. — **Sign.** : A. de Barthélemy, *Les comtes de Grandpré*, p. 30.

509. — 1236.

Henri, comte de Bar et sire de Torcy fait savoir qu'il a donné aux religieux de Saint-Pierre des Fossés, avec le consentement de sa femme, la part de celle-ci dans la forêt de Roissy.

Edit. : A. Duchesne, *Hist. de la maison de Dreux*, p. 262.

510. — 1237, mars.

Henri II, accorde à Milon de Sormery, pour son héritier légitime la faculté de racheter Sormery et ses dépendances qu'il avait acquis de lui contre le remboursement de 100 livres prix d'achat et 500 livres somme dépensée par lui pour l'amélioration de la maison forte.

Orig. : Chantilly, E. 40. — **Copie** : B. N. fr. 11853, f° 72, v° (B. N. fr. 719, f° 139, v°). — **Edit.** : A. Lesort, *Chartes du Clermontois*, n° XVI, p. 79.

511. — 1237, mars.

Milon de Sormery approuve l'acte précédent.

Copie : B. N. Lorr. 719, f° 142, v°.

512. — 1237, 31 mars.

Eudes official de Sens enregistre l'acte précédent.

Copie : B. N. L. 719, f° 142, v°.

513. — 1237, mars.

Le comte de Bar fait savoir qu'Adam de Beauzée a donné à l'abbaye de Jeand'heurs les dîmes de Saint-Hilaire près Ville-sur-Saulx.

Copie : Arch. Meuse, H. Cart. de Jeand'heurs, II. — **Edit.** : H. Labourasse, *L'abbaye de Jeand'heurs*, p. 164.

514. — 1237, mars.

Ancel de Dampierre en Astenois est homme lige du comte de Bar après le comte de Champagne pour 25 livres de rente sur les péages de Bar. Il ne peut retenir aucun homme du comte de Bar.

Copie : B. N. Lorr. 718, f° 4 ; B. N. fr. 11853, f° 92. — **Sign.** : A. de Barthélemy, *Le comté d'Astenois*, p. 30.

515. — 1237, mars.

Henri comte de Rethel fait savoir que le comte de Bar s'est rendu pleige pour lui.

Copie : B. N. fr. 11853, f° 28.

516. — 1237, 22 mars.

L'archidiacre de Toul, certifie que Richard d'Acraigne (Frolois) a reçu du comte de Bar 800 l. prix de la vente de Port.

Copie : B. N. fr. 11853, f° 196.

517. — 1237, mars.

Ancel de Dampierre en Astenois reconnaît que lui et le comte de Bar ne peuvent se retenir leurs hommes.

Copie : B. N. fr. 11853, f° 84. — **Ind.** : A. de Barthélemy, *Le comté d'Astenois*, p. 30.

518. — 1237, 1er avril.

Eudes, official de la cour de Sens atteste que Milon de Sormery et sa femme Agnès ont vendu leur fief de Sormery au comte de Bar.

Copie : B. N. fr. 11853, f° 72.

519. — 1237, avril.

Simon de Sessefontaine et Jonvelle reprend Mazières du comte de Bar. Son héritier qui aura Jonvelle sera homme lige du comte de Bar avant tous, excepté le comte de Bourgogne.

Copie : B. N. L. 11853, f° 251.

520. — 1237, avril.

Aimon de Roncourt a donné à Pierre de Rembercourt, bourgeois du comte de Bar, la justice de Woinville.

Copie : B. N. fr., 719, f° 110.

521. — 1237, juillet, Mouzon.

Henri, comte de Bar fait connaître les conventions entre Henri, archevêque de Reims et le comte de Loos et Chiny au sujet de la maison de Gobert de Hailli à Sachi.

Orig. : A. N. J. 207, n° 3. — **Edit.** : A. Teulet, *Trésor des Chartes*, II, n° 2566.

522. — 1237, août.

Robert d'Esch, sur l'ordre d'Ermesinde de Luxembourg et de son fils Henri, transporte l'hommage qu'il leur devait pour Bidbourg, Thionville et Esternach à Margueritte de Bar dont ces localités forment le douaire.

Edit. : A. Bertholett, *Hist. du Luxembourg*, V, pr., p. 12.

523. — 1238, mars.

Guillaume de Vergy et Clémence sa femme, approuvent la vente faite par Gérard de Fontaines de Conflans au comte de Bar.

Copie : B. N., fr. 11853, f° 250; B. N. L., 719, f° 133.

524. — 1238, mars.

Pierre, doyen de Metz et le chapitre donnent au comte de Bar le droit de lever un denier messin de chaque maison en la terre de Saint-Paul, en place des pains que le comte réclamait. Le maire fera procéder à la levée par les prud'hommes.

Copie : B. N. fr. 11853, f° 307.

525. — 1238, avril.

Nicolas, abbé de Flabemont, reconnaît que lui et ses successeurs, sont tenus de montrer chaque fois que le comte de Bar le voudra, les lettres du duc Mathieu.

Sign. : *Gallia Christ.*, XIII, 1135.

526. — 1238, juin.

Ade, dame de Hans, jadis comtesse de Soissons, demande au comte de Bar de vouloir bien ratifier la constitution de douaire faite par son fils Jacques à sa femme Helvis, fille de Gilles de Brabançon. Jacques assigne à celle-ci la moitié de la terre de Hans et de la châtellenie. En cas de décès de Jacques, Helvis conservera ce douaire et le tiendra comme l'ont tenu les comtes de Grandpré et de Soissons, Ade se réserve le nouveau château de Hans (*français*).

Copie : B. N. fr. 11853, f° 177 ; B. N. Lorr., 719, f° 12 v°. — **Sign.** : A. de Barthelemy, *Les comtes de Grandpré*, p. 74.

527. — 1238, juin.

Par l'intermédiaire de Geoffroy de Nonsart, du châtelain de Mousson et de Jean de Briey, prévôt de Bar, le comte de Bar et Geoffroy de Louppy, s'accordent au sujet des possessions qu'ils avaient ensemble à Louppy-le-Château et à Villotte.

Copie : Arch. Meurthe-et-Moselle, B. 371.

528. — 1238, 1er août.

Henri, comte de Bar reconnaît tenir du duc de Lorraine le

château de Spizemberg, le ban de Laveline dont les hoirs de Haute-Pierre ont la garde, Bourmont, Lamarche, Liffol, Neufchâteau, Foug près de Toul, le cours de la Moselle, depuis le Haut-de-Rupt, proche Pont-à-Mousson, jusqu'au rupt venant d'Arnaville. En retour, il reçoit du duc de Lorraine en accroissement de fief, le château de Stenay et l'avouerie de Beaumont. Le comte reconnaît qu'il ne peut construire aucune forteresse entre Longwy et Stenay, Bourmont et Chatenois, Lamarche et Neufchâteau (*français*).

Copie : dans un vidimus de 1256, Arch. Meuse, B. 256, f° 321. — **Edit.** : Firmin-Comte, *Mém. Soc. des Lettres de Bar-le-Duc*, 1900, p. 356.

529. — 1238, novembre.

Conon de Mussey donne au comte de Bar, le fief de Delut que tient Guillaume de Preny.

Copie : B. N. fr. 11853, f° 142.

530. — 1238, décembre.

Roger, évêque de Toul, demande et obtient que le comte de Bar donne à Garnier, curé de Clermont, la jouissance à vie de la maison du prêtre Anchier.

Copie : B. N. fr. 11853, f° 178 ; B. N. L. 718, f° 15.

531. — 1238.

Henri II reconnaît que l'abbaye de Saint-Martin devant Metz lui a cédé la moitié des dîmes de la Neuville-de-Rangévaux.

Copie : A. Meurthe-et-Moselle, G. 537, f° 2.

532. — 1238.

Henri II confirme l'accord intervenu entre les bourgeois de Briey et les lépreux de la maison de Menaumont touchant la réception des lépreux de Briey dans cette maison.

Copie : A. Meurthe-et-Moselle, H. 1715, f° 1.

533. — 1239, 9 février, Latran.

Grégoire IX prescrit à l'archevêque de Reims, de donner au comte de Bar qui a promis de partir à la croisade avec 100 chevaliers le produit des aumônes de rachat des vœux.

Edit. : Clouet, *Hist. de Verdun*, II, . 420.

534. — 1239, février.

Le comte de Bar, appose son sceau à un acte par lequel Joëte de Dieulouart donne à l'abbaye de Sainte-Hoïlde ce qu'elle possédait à Vavincourt.

Edit. : A. Jacob, *Cart. de l'abbaye de Sainte-Hoïlde*, n° 89.

535. — 1239, 9 mars.

Le duc de Lorraine fait savoir que Reyner de Bourgogne a approuvé l'arrangement fait par Simon de Passavant avec le comte de Bar et l'abbé de Flabemont au sujet de Dureauwé et Frasne.

Edit. : Hugo, *Ann. Ordinis Praemont*, I, 657. — **Sign.** : Le Mercier de Morière, *Cat. des actes de Mathieu* II, n° 214. Cf. n° 443.

536. — 1239, 16 mars.

Pierre, doyen de Metz et le chapitre donnent au comte de Bar une rente de quatre livres fors à la place de la charretée de vin de montagne qu'ils devaient au comte chaque année au Pont. Ils seront toujours comme auparavant en la garde du comte *(français)*.

Copie : B. N. fr. 11853, f° 194.

537. — 1239, mars.

Geoffroy de Deuilly est homme lige du comte de Bar pour Deuilly et le Val de (Beugneval).

Copie : B. N. fr. 11853, f° 223 ; B. N. 719, f° 121.

538. — 1239, avril.

Le comte de Bar donne aux frères de la Trinité-de-la-Marche, en aumône le patronage de l'église de la Marche et tous les biens en dépendant.

Copie : A. Meurthe-et-Moselle, B. 712, f° 1. — **Sign.** : Benoit-Picart, *Pouillé du diocèse de Toul*, I, p. 312.

539. — 1239, avril.

Le comte de Bar donne à l'abbaye de Sainte-Hoïlde, le bois

situé près du vieil étang proche Neuville, le lieu du vieil étang et les pâtures.

Edit. : A. Jacob, *Cart. de l'abbaye Sainte-Hoïlde*, n° 78.

540. — 1239, avril.

Le comte de Bar, donne à l'abbaye de Sainte-Hoïlde, 50 muids de froment sur les moulins de Bar, Laheycourt, Auzécourt, 40 livres sur le tonlieu de Bar, les moulins et le pré du Breuil de Laheycourt, le moulin de Varney, les dîmes de Resson et celles de Saint-Joire entre Tréveray et l'abbaye des Vaux.

Edit. : A. Jacob, *op. cit.*, n° 79.

541. — 1239, 1er mai.

Béatrice de Vaucouleurs déclare que son fils, le sénéchal de Joinville, ne s'alliera pas par mariage avec la fille du comte de Bar, Marguerite, sans la permission du comte de Champagne.

Copie : B. N. cinq cents Colbert 58, f° 167. — **Edit.** : N. de Wailly, *Bibl. de l'école des Chartes*, 1858, p. 557 ; Didot, *Mémoires de Joinville*, p. CXVII. — **Sign.** : Delaborde, *Jean de Joinville*, n° 296 ; D'Arbois de Jubainville, *Catalogue* n° 2504.

542. — 1239, 1er mai.

Jean de Joinville prend l'engagement de ne pas épouser Marguerite, fille du comte de Bar.

Edit. : N. de Wailly, *op. cit.*, p. 558 ; Didot, *op. cit.*, p. CXVI ; Dom Bouquet, XX, 305. — **Sign.** : d'Arbois, *Catalogue* n° 2503 ; A. Rozerot, *Rép. hist. de la Haute-Marne*, n° 1140 ; Delaborde, *Jean de Joinville*, n° 295. — **Anal.** : Delaborde, *Suppl.*, V, n° 410.

543. — 1239, mai.

L'abbé de Molesmes vend au comte de Bar les bois entre Ligny et Fouchères, moyennant une rente de 5 muids de vin bon et loyal à prendre sur les revenus de Foug au temps de la vendange.

Copie : B. N. fr. 11853, f° 89 v°.

544. — 1239, mai.

Henri, comte de Bar, fait savoir que Jean, André et Garin de

Laimont, ont donné à Sainte-Hoïlde ce qu'ils possédaient, à Vassincourt ce qu'ils avaient au four de Fontenoy, près Laimont et les dimes de Behonne.

Edit. : Jacob, *Cart. de Sainte-Hoïlde*, n° 76.

545. — 1239, mai.

Simon de Passavant accompagne le comte de Bar dans les produits du péage de Pont-en-Woëvre.

Copie : B. N. fr. 11853, f° 244, Lorr. 718, f° 48 v°.

546. — 1239, juin.

Le comte de Bar fait savoir que Simon de Neufville, partant pour Jérusalem a donné à l'abbaye de Sainte-Hoïlde ce qu'il possédait en dîmes à Neuville-sur-Orne.

Edit. : Jacob, *op. cit.*, n° 92.

547. — 1239, juin.

Le comte de Bar donne en perpétuelle aumône à l'abbaye de Saint-Mihiel, son four situé sur la place de Saint-Mihiel.

Orig. : Arch. Meuse, H. Saint-Mihiel 2T². — **Copie** : *ibid.*, Cart. J², f° 285. — **Edit.** : Cf. plus loin, n° x.

548. — 1239, juin.

Errard de Saint-Remy, fils de Geoffroy d'Aulnois, se déclare homme lige du comte de Bar.

Copie : B. N. fr. 11853, f° 96 : Arch. Meuse, B. 229, f° 226.

549. — 1239, juin.

Le comte de Bar fait savoir qu'il a donné en perpétuelle aumône à l'abbaye de Saint-Benoit-en-Woëvre les dîmes de Noviant-en-Haye à cette condition que l'abbaye doit fournir d'hosties les diocèses de Verdun, Toul et Metz.

Orig. : Arch. Meuse, H. Saint-Benoit, Q². — **Edit.** : Cf. plus loin, n° IX.

550. — 1239, juin.

L'abbé de Saint-Benoit reconnaît qu'il a reçu du comte de Bar la donation précédente et en accepte la condition.

Orig. : A. Meurthe-et-Moselle, B 483, f° 3. — **Copie** : B. N. coll. Lorr. 288, f° 266; B. N. fr. 11853, f° 124; B. N. Lorr. 719, f° 36; A. Meurthe-et-Moselle, B. 581, f° 1.

551. — 1239, juin.

Conon de Mussy fait savoir qu'avec son consentement son frère Robert de Mussy a vendu au comte de Bar ce qu'il avait à Boville.

Copie : B. N. fr. 11853, f° 142, B. N. Lorr. 719, f° 95.

552. — 1239, juin.

Vidimus de Roger, abbé de la Chalade et Jean, abbé de Chéhéri d'un acte où Henri de Grandpré déclare que Jacques de Grandpré son oncle lui a quitté la garde de Royon et de Servon. Jacques aura la garde de Mouron en accroissement de fief et celle de Chavières et sera l'homme d'Henri après le comte de Bar (*français*).

Orig. : B. N. coll. Lorr. 199, n° 6. – **Edit.** : N. de Wailly, *Not. des mss.*, t. 28, n° 16, p. 27. — **Sign.** : A. de Barthélemy, *Les comtes de Grandpré*, p. 31.

553. — 1239, juin.

Henri, comte de Bar, donne aux enfants de Raoul Cheun deux mesures de moitange à prendre sur les terrages de Neuville.

Edit. : A. Jacob, *Cart. de l'abbaye de Sainte-Hoïlde*, n° 103.

554. — 1239, juin.

Henri, châtelain de Stenay, prend l'engagement de garder jusqu'au retour ou jusqu'à la mort du comte de Bar les droits sur le moulin de cette ville tels qu'ils ont été fixés par le comte avant son départ pour la croisade (*français*).

Copie : B. N. fr. 11853, f° 179, v°. — **Edit.** : A. Lesort, *Chartes du Clermontois*, XVIII, p. 81.

555. — 1239, juin.

Le comte de Bar donne divers privilèges et franchises à l'Hôtel-Dieu de Bar et le dispense des droits de mouture et d'entrée sur les blés.

Orig. : Arch. Meurthe-et-Moselle, H. 1674. — **Copie** : B. N. Coll. Dupuy, 576, f° 23 ; A. Meurthe-et-Moselle, H. 1673.

556. — 1239, juin.

Le comte de Bar fait savoir qu'il ne peut retenir les hommes de Gobert d'Apremont qui sont de la châtellenie de Briey, règle les entrecours et mariages. Gobert est son homme lige et doit la garde à Briey.

Copie : B. N. Lorr. 718, f° 146.

557. — 1239, juillet.

Le comte Henri de Bar avant de partir pour la croisade donne un revenu de mille livres pour réparer les torts qu'il a pu faire. Il charge de ce soin Jacques de Mandres, le châtelain de Mousson, le prieur des frères prêcheurs et le chevalier Hugue avec le conseil de l'évêque de Toul. Ce testament est approuvé et scellé par sa femme Philippe et par son fils Thiébaut (*français*).

Orig. : B. N. coll. Lorr. 348, f° 8. — **Copies** : vidimus, B. N. coll. Lorr. 191, n° 5, copie du XVIIIe siècle, Lorr. 348, f° 5. — **Edit.** — N. de Wailly, *Not. des mss.*, t. 28, p. 28, n° 17.

558. — 1239, 1er août.

Le comte de Bar donne aux Trinitaires de la Marche le bois situé entre la route de Marimont et celle de Vosges.

Sign. : P. Benoit-Picard, *Pouillé du diocèse de Toul*, I, p. 312.

559. — 1239, septembre.

Henri, comte de Bar donne à l'abbaye de Sainte-Hoïlde l'autorisation d'acquérir fiefs et arrière-fiefs en ses domaines et l'acquitte des bois qu'il lui réclamait à Neufville (*français*).

Edit. : A. Jacob, *op. cit.*, n° 23, vidimus du 29 janvier 1242, de Roger de Toul et de Philippe, châtelain de Bar, *ibid.*, n° 57.

560. — 1239.

Henri déclare que Guéry de Bar, chanoine de Ligny, a donné à l'Hôtel-Dieu de Bar une vigne à Bar.

Orig. : Arch. Meurthe-et-Moselle, H. 1681, f° 1.

561. — 1239.

Henri, comte de Bar s'accorde avec Geoffroy de Louppy pour les hommes et les femmes taillables qu'il réclamait à Louppy.

Copie : Arch. Meurthe-et-Moselle, B. 371, f° I.

562. — 1239.

Henri, comte de Bar, donne à l'Hôtel-Dieu de Briey 25 quartes de froment et autant d'avoine à prendre annuellement sur son grenier de Briey et 100 sous tournois sur les assises de Mairy.

Orig. : Arch. Meurthe-et-Moselle, H. 1713, f° I.

563. — 1239.

Henri, comte de Bar fait savoir qu'une discorde ayant éclaté entre les habitants de Barey et dame Ameline de Mussey, sur la plainte des habitants il a fait comparaître Ameline et ses enfants et a fixé la redevance dûe par les habitants à six réseaux par feu sans plus.

Copie : B. N. Lorr. 719, f° 157.

564. — 1239.

Henri, comte de Bar donne à l'abbaye de Saint-Arnould de Metz sept livrées de terre à prendre près de sa pêcherie de Mousson.

Orig. : Arch. Moselle, H. 156, f° 7.

565. — Sans date.

L'abbé de Gorze déclare ne pouvoir faire la paix avec Gobert d'Apremont sans l'assentiment du comte de Bar dans la garde de qui est l'abbaye.

Copie : B. N. fr. 11853, f° 121.

566. — Sans date.

La vouerie de Saint-Willibrod de Stenay meut du comte de Bar comme seigneur de Briey.

Copie : B. N. fr. 11853, f° 202.

567. — 18 octobre 1240 (acte faux).

Henri, comte de Bar, reconnaît que Jean de Cons a dispensé

les gens de Grand Failly, moyennant 300 livres de la garde au château de Cons (*français*).

Copie : Arch. mun. de Grand Failly, DD 1. — **Edit**. : E. Duvernoy, *Inventaire des Archives de Meurthe-et-Moselle, E. suppl.*, 597, f° 1. — **Obs**. : Le comte Henri était parti à la croisade en septembre 1239, l'acte qui est fort suspect dans sa rédaction et évidemment d'une langue rajeunie a dû être composé par la communauté de Grand Failly pour se débarrasser d'une obligation gênante.

I. — Charte de Renaud II pour Saint-Maur.

(N° 97 du Catalogue).

✝ In Nomine Sancte et Individue Trinitatis. Ego, Raynaldus, comes Monstionis, notum fieri volo tam futuris quam presentibus, quod Alaidis (1), abbatisse sancti Mauri, assensu capituli sui, hanc compositionem de decima de Mandles (2) cum Wrrico et fratribus suis habuerit, quod prefata ecclesia eidem Wrrico et fratribus ejus, sive eorum heredibus, singulis annis, XXV solidos cathalaunensis monete, in die festo Assumptionis sancte Marie persolvet. Et si ante festum sancti Remigii persoluti non fuerint, decima de loco non movebitur donec persolvantur. Abbatissa autem si voluerit, eandem decimam per ministralem suum cum fidelitate colligi faciet. Si autem ad trecensum eam dare voluerit, nulli preter Wrricum et fratres ejus dare licebit. Illi idem fratres, si illos XXV solidos invadiare voluerint, nulli nisi ecclesie Sancti Mauri invadiare poterunt. Jam dictis autem fratribus et eorum heredibus, prefati XXV solidi per manum meam et heredis mei dabuntur, ea scilicet conditione quod ego et heres meus, ne aliqua in posterum memorate Sancti Mauri ecclesie injuria fiat advocati et procuratores erimus. Hujus rei testes sunt hii : Agnes comitissa Monstionis, Gerardus de Risnel (3), Guido de Wentronisvilla (4), Jofridus de Monszionis (5), Odo de Quarniaco (6),

(1) Alaidis n'est pas citée par Robinet, *Pouillé du diocèse de Verdun*, t. I, p. 237. La *Gallia Christiana*, cite Alix, 3e abbesse, mais sans date, t. XIII, col. 1314.

(2) Mandres, écart de Chatillon, Meuse, Verdun, Étain.

(3) Gérard de Reynel, Haute-Marne, chef-lieu de canton.

(4) Guy de Watronville.

(5) Geoffroy, chatelain de Mousson.

(6) Eudes de Charny, Meuse, Verdun, chef-lieu de canton.

Gerardus castellanus de Bar. De familia ecclesie Sancti Mauri : Seybertus, Teodericus et Heymo filius ejus.

II. — Donation aux Templiers de Pierrevillers.

(Catalogue n°s 225, 226 et 243).

In nomine Patris et Filii et Spiritus Sancti. Amen. Quia contractus humanos. conditionis humanae fragilitatis, processu temporum consuerit in oblivionem sepeliri, unicum inventum est remedium, ut ea quae celebri digna sunt recordatione per litterarum tenacitatem in lucem memoriae teneantur. Ego igitur Theobaldus comes Barri et Lucemburgis per praesentis paginae tenorem praesentibus et futuris notum facio quod amore Dei et pro remedio animae meae et antecessorum meorum quidquid habebam apud Petrevillarium, in banno, in omnibus, in pratis, in terris, in omni usu, fratribus militiae Templi in perpetuam eleemosynam contuli et concessi, excepto eo quod de praedicto banno, praedictae villae scilicet Petrevillarii apud Maranges esse dignoscitur. Hoc enim mihi et haeredibus meis retinui, praeterea juridictionem et dominium quod ante donum istud in nemoribus habebam mihi reservavi et in manu mea retinui. Nec vero aliquis huic caritativae donationi praesumat in posterum contradicere, vel memoratos fratres Deo militantes super hoc aliquo modo molestare praesentes litteras sigilli mei munimine confirmavi. Anno Verbi Incarnati millesimo ducentesimo XIII mense Novembri.

III

Ego, Heinricus filius Domini Theobaldi comitis Barri et Lucemb. omnibus ad quos praesens scriptum pervenerit notum facio quod quidquid dictus pater meus apud Petrevillarium fratribus militiae Templi in eleemosynam contulit, hoc de assensu meo donavit et ipsam donationem suam approbavi et laudavi. In cujus rei testimonium praesentes litteras sigillo meo confirmavi. Actum anno gratiae millesimo ducentesimo tertio decimo.

IV

Ego Ermesindis comitissa Lucemburgis omnibus Christi fidelibus praesentis et futuris notum facio quod dominus et maritus meus Theobaldus felicis memoriae Comes Barri et Lucemburgis quidquid habebamus apud Petrevillarium sicut dispositum est in carta ejusdem comitis et decem libras in furnis de Brieyo fratribus militiae Templi in perpetuam contulit eleemosynam. Et nos eandem eleemosynam rotam habuimus et approbavimus et sigilli nostri auctoritate confirmavimus. Anno verbi Domini millesimo ducentesimo decimo tercio mense februario.

V. — Charte pour Saint-Mihiel.

(Catalogue n° 449).

Ego Henricus, comes Barrensis omnibus presentes litteras inspecturis notum facio quod dilectus meus et fidelis dominus Varnerus de Montione contulit et concessit conventui sancti Michaëlis quadraginta solidos fortium in passagium suum de sancto Michaële annuatim in perpetuum percipiendos, pro anniversario patris sui et matris sue et suo ibidem in perpetuum faciendo. Ego vero de cujus feodo passagium illud movet, hanc donationem concessi et gratum habeo. Et ut firma et stabilis habeatur presentes litteras sigilli mei munimine roboravi. Actum anno Domini MCCXXX mense januario.

VI. — Charte pour Saint-Mihiel.

(Catalogue n° 484).

Ego Henricus comes Barrensis notum facio universis quod ob remedium anime mee et antecessorum meorum dedi et concessi do et concedo in perpetuam eleemosinam Ecclesie sancti Michaëlis pro pitancia monachorum ibidem de serviencium, omnem Decimam grossam et minutam quam habebam apud Banoncort [1]. In cuius rei testimonium et perpetuam confirmationem presentes litteras fieri volui sigilli munimine roboratas. Actum anno gracie millesimo ducentesimo tricesimo quarto mense Decembri.

(1) Bannoncourt, Meuse, Verdun, Pierrefitte.

VII. — Hommage de Gobert d'Apremont pour Dun.

(Catalogue n° 489).

Je Gobers sires d'Apremont faz savoir à tous cels qui verront et orront ces presentes lettres que je ai repris Dun mon chastel dedenz les murs et defors si con li finages et li parrochages del chastel et de la ville se comporte de Henri le conte de Bar en fiez et hommage tot lige et de toutes ces choses sui je devenus hom toz liges le devant dit conte de Bar, sauve la ligere de l'evesque de Mes et ai creantei a Henri conte de Bar devant dit et a ses hoirs qui seront conte de Bar après lui que je et mi hoir qui tenront Dun après moij metrons et recevrons dedenz Dun toutes fois com il voudroit et tant de gens com il voudront por els aidier anvers toutes creatures qui puient morir et vivre. Et est a savoir que cil avenoit par avanture que aucuns ou aucune tenoit Dun et ne tenist pas Aspremont cil ou cele qui tenroit Dun feroit homage lige au conte de Bar quiquil fust devant toutes ligeiez Et por que ce soit ferme choze et estable a tous jors mais en tesmoignage de veritei ai je ces lettres faites seeler de mon seial. Ce fu fait quant li miliares corroit par mil CC et trente cinc ans on mois d'avril.

VIII. — Hommage du comte de Chiny.

(Catalogue n° 392).

Je Arnous cuens de Louz et de Chisnei faiz savoir a touz ceaus qui verront et orront ces lettres que Chineis mes chastiaus est fiez liges au conte de Bar avec les autres fiez que je tieng de lui et li est juraubles et rendaubles a grant force et a petite a toz ses besoenz et si le doit aidier encontre touz homes qui puent vivre et morir et de ce li doient faire fautei li chevalier, li borjois et li franc home de la chastelerie de Chisnei a lui et a ses hoirs et tout ce li doi je a lui et a ses hoirs et mi hoir au suens; et de ce et des autres fiez le ai je fait lige homage. Ft en tesmoignage de ceste chose li ai je donei mes letres presentes saelées de mon sael. Ce fut fait en l'an que li miliares corroit par mil CC et XXVII on mois d'octembre a Monçons.

IX — Charte pour Saint-Benoit.

(Catalogue n° 549).

Ego Henricus Comes Barri notum facio universis quod ego dedi in puram et perpetuam eleemosynam Ecclesie sancti Benedicti in Vepria Cysterciensis ordinis quicquid habebam in decima de Novoiant in Hex. Ita tamen quod abbas et fratres dicte ecclesie debent in perpetuum hostias ministrare Virdunen. Tullen. et Metten. diocesibus quotiens cumque fuerit et ex eo fuerint requisiti. In cujus rei testimonium et confirmacionem perpetuam presentes litteras fieri volui sigilli mei munimine roboratas. Actum anno Christi MCCXXX nono mense junio.

X. — Charte pour Saint-Mihiel.

(Catalogue n° 547).

Ego Henricus comes Barri universis presentes litteras inspecturis notum facio quod ego pro remedio anime mee dedi et concessi in eleemosinam perpetuam dilectis meis abbati et conventui de sancto Michaële furnum meum quod habeo in foro de sancto Michaële infra domini Hugonis de Creue quod Odo de Meraual quandiu viverit possidebat, post decessum ipsius Odonis ad ipsos liberos et absolute revenitur. Quod ut statum et firmandum presentes litteras sigilli meo roboravi. Datum anno Domini MCCXXXIX mense junio.

TABLE ALPHABÉTIQUE

Les chiffres correspondent aux numéros.

B

C

D

G

I

J

K

L

M

N

O

P

Q

R

S

Saints

U

V

W

Y

VU ET LU :

Le Doyen de la Faculté des lettres,
CH. PFISTER,

Strasbourg, 2 juillet 1920.

VU ET PERMIS D'IMPRIMER :

Le Recteur de l'Académie de Strasbourg
Président du Conseil de l'Université.
CHARLÉTY

Strasbourg, 3 juillet 1920.

TABLE DES MATIÈRES

Catalogue des actes.

Pièces justificatives.

www.ingramcontent.com/pod-product-compliance
Ingram Content Group UK Ltd.
Pitfield, Milton Keynes, MK11 3LW, UK
UKHW020558180726
13838UKWH00001B/317